Romanistische
Arbeitshefte   58

Herausgegeben von
Volker Noll und Georgia Veldre-Gerner

Stefan Barme

Gesprochenes Französisch

De Gruyter

ISBN   978-3-11-027472-1
e-ISBN 978-3-11-027983-2
ISSN   0344-676X

Bibliografische Information der Deutschen Nationalbibliothek
Die Deutsche Nationalbibliothek verzeichnet diese Publikation in der Deutschen Nationalbibliografie; detaillierte
bibliografische Daten sind im Internet über http://dnb.d-nb.de abrufbar.

© 2012 Walter de Gruyter GmbH & Co. KG, Berlin/Boston

Gesamtherstellung: Hubert & Co. GmbH & Co. KG, Göttingen
∞ Gedruckt auf säurefreiem Papier

Printed in Germany

www.degruyter.com

Vorwort

Wohl kaum eine andere Sprache, zumindest im europäischen Kontext, weist derart markante Unterschiede zwischen ihrer geschriebenen und gesprochenen Ausprägung auf wie das moderne Französisch – einige Autoren sprechen diesbezüglich sogar von zwei verschiedenen Grammatiken beziehungsweise Sprachsystemen. Es ist daher nicht verwunderlich, dass es eine abundante Forschungsliteratur zum *français parlé* beziehungsweise zu den Unterschieden zwischen gesprochenem und geschriebenem Französisch gibt, was freilich die Frage nach der Zweckmäßigkeit einer weiteren Behandlung dieses Themas (in Buchform) aufwirft. Nach Sichtung der einschlägigen Publikationen ergibt sich jedoch, dass eine Überblicksdarstellung zum gesprochenen Französisch, zumal in deutscher Sprache, ein Desideratum darstellt. Zwar sind in Frankreich in jüngerer Zeit mehrere Monographien zum *français parlé* erschienen (hier wären insbesondere die Arbeiten von Claire Blanche-Benveniste (1997, 2005) zu nennen), doch handelt es sich dabei um Studien, die vornehmlich der Beschreibung der Sprachstruktur gewidmet sind und andere Gesichtspunkte, wie beispielsweise kommunikative Aspekte, die Forschungsgeschichte oder die historische Dimension des gesprochenen Französisch, weitgehend oder gänzlich außer Acht lassen. Was die deutschsprachige Romanistik anbelangt, so kann neben dem exzellenten, jedoch in die Jahre gekommenen Standardwerk von Söll (*Gesprochenes und geschriebenes Französisch*; ³1985) lediglich auf den inzwischen in einer überarbeiteten Neuauflage erschienenen Klassiker von Koch/Oesterreicher (*Gesprochene Sprache in der Romania: Französisch, Italienisch, Spanisch*; 1990, ²2011) verwiesen werden, der jedoch hinsichtlich der sprachstrukturellen Merkmale des gesprochenen Französisch nur in relativ geringem Umfang Ergänzungen erfahren hat, nur sehr wenige korpusgestützte statistische Ergebnisse präsentiert und zudem auf eine Behandlung der Forschungsgeschichte verzichtet.

Der hier gebotene Überblick über das *français parlé* richtet sich sowohl an Fachkollegen als auch an die Studierenden des Fachs Französisch bzw. Romanistik, die ja bekanntlich im Allgemeinen sehr froh sind, wenn sie neben den fremdsprachigen wissenschaftlichen Texten auch deutschsprachige Quellen konsultieren können. Da die Kenntnis der Strukturen des gesprochenen Französisch inzwischen Bestandteil der meisten gymnasialen Lehrpläne ist, darf davon ausgegangen werden, dass das *français parlé* auch weiterhin ein zentrales Themengebiet des Romanistikstudiums sein wird. Der Zweck der vorliegenden Monographie besteht nicht zuletzt auch darin, den Lernenden und Lehrenden als Grundlage beziehungsweise Begleitlektüre für entsprechende Seminare zu dienen.

Den Herausgebern Volker Noll und Georgia Veldre-Gerner danke ich für die Aufnahme der vorliegenden Arbeit in die Reihe *Romanistische Arbeitshefte*, Volker Noll zudem für seine wertvollen Hinweise und eine sehr gute Betreuung. Ein herzlicher Dank geht schließlich auch an Andre Klump für seine Ermunterung, mich intensiver mit dem Französischen zu befassen, sowie an Peter Koch für die Zusendung der Graphik zum Varietätenraum.

Trier, im August 2011

Inhalt

Abkürzungen

algonq.	algonquin
dt.	deutsch
engl.	englisch
frz.	französisch
HS	Hauptsatz
irok.	irokesisch
it.	italienisch
lat.	lateinisch
LV	Linksversetzung
NP	Nominalphrase
NS	Nebensatz
pg.	portugiesisch
PR	Petit Robert
rum.	rumänisch
RV	Rechtsversetzung
sp.	spanisch
SPP	Subjektpersonalpronomina
TD	thème détaché

1. Zum gesprochenen Französisch

1.1 Zum Konzept des gesprochenen Französisch

Hinsichtlich der Frage, was unter „gesprochenem Französisch" zu verstehen ist, werden in der galloromanistischen Forschung ganz unterschiedliche Positionen vertreten, die im Folgenden kritisch beleuchtet werden sollen, wobei gleichzeitig aus übereinzelsprachlicher Perspektive die Differenzierung zwischen gesprochener und geschriebener Sprache zu thematisieren sein wird. Doch bevor wir diesen Fragen nachgehen, werden zunächst einmal weitverbreitete Modelle bzw. theoretische Ansätze zur Beschreibung sprachlicher Variation, zu der ja auch die Unterscheidung zwischen „gesprochen" und „geschrieben" zu zählen ist, vorgestellt.

In der für die Gesprochene-Sprache-Forschung grundlegenden Arbeit von Söll ([3]1985) wird hinsichtlich sprachlicher Äußerungen zwischen der Realisierungsform, dem Medium einerseits und dem sprachlichen Duktus, der Konzeption andererseits unterschieden. Bezüglich der Realisierungsform stehen sich *code phonique* (lautliche Realisierung) und *code graphique* (schriftliche Realisierung) als strikte *Dichotomie*, d.h. als Gegensätze, die keine Übergänge, Zwischenstufen kennen, gegenüber. Im Hinblick auf die Konzeption ist zwischen *code parlé* („gesprochen" im Sinne von „spontan, nicht geplant") und *code écrit* („geschrieben" im Sinne von „geplant") zu differenzieren, wobei hier im Unterschied zur medialen Unterscheidung die durch die Pole konzeptionelle Mündlichkeit und konzeptionelle Schriftlichkeit begrenzten Möglichkeiten ein *Kontinuum* repräsentieren (vgl. Söll 1985, 17–25; Koch/Oesterreicher 2011, 3f.; Schreiber 1999, 13). Mit dieser Differenzierung zwischen Realisierungsform und Konzeption wird der Tatsache Rechnung getragen, dass es sowohl medial schriftlich produzierte Texte gibt, die überwiegend sprechsprachliche Charakteristika aufweisen (wie beispielsweise Comics, E-mails unter Freunden, Privatbriefe etc.), als auch medial mündlich realisierte Texte, die in konzeptioneller Hinsicht der Schriftnorm entsprechen (wie etwa Vorträge und Predigten) (vgl. Koch/Oesterreicher 2011, 3f.). Für die Charakterisierung von sprachlichen Äußerungen als „geschrieben" bzw. „gesprochen" ist demzufolge nicht der Kommunikationskanal (das Medium) das primäre Kriterium, sondern die Art der sprachlichen Gestaltung, der Konzeption. Dennoch besteht natürlich eine stark ausgeprägte Affinität zwischen konzeptioneller Mündlichkeit und phonischem Code auf der einen Seite sowie zwischen konzeptioneller Schriftlichkeit und graphischem Code auf der anderen Seite (vgl. Koch/Oesterreicher 2011, 12f.). Koch/Oesterreicher (1990; [2]2011) sprechen in ihrer an Söll anknüpfenden – inzwischen ebenfalls zu einem Standardwerk avancierten – Darstellung in Bezug auf konzeptionelle Mündlichkeit auch von „(kommunikativer) Nähe", während sie für konzeptionelle Schriftlichkeit auch die Bezeichnung „(kommunikative) Distanz" wählen (diese beiden Termini waren einige Jahre zuvor von den Autoren in die Varietätenlinguistik eingeführt worden (vgl. Koch/Oesterreicher 1985)).

Nach Koch/Oesterreicher umfasst das von den beiden Polen *Nähe(sprache)* und *Distanz(sprache)* begrenzte konzeptionelle „gesprochen/geschrieben"-Kontinuum eine Vielzahl von unterschiedlichen Kommunikationskonstellationen bzw. Kommunikationsbedingungen, die sich anhand der folgenden zehn Parameter beschreiben lassen (vgl. Koch/Oesterreicher 2011, 7–10; Koch/Oesterreicher 2001, 586; Koch 2004, 607; Schafroth 2005, 424; Schreiber 1999, 13):

	„Nähe(sprache)":	„Distanz(sprache)":
1. Grad der Öffentlichkeit:	Privatheit	Öffentlichkeit
2. Grad der Vertrautheit der Gesprächspartner:	vertraut	unbekannt
3. Grad der emotionalen Beteiligung:[1]	stark	schwach
4. Grad der Situations- und Handlungseinbindung von Kommunikationsakten:	maximale Situations- und Handlungseinbindung	minimale Situations- und Handlungseinbindung
5. Referenzbezug:[2]	*origo*-nah	*origo*-fern
6. physische Nähe der Kommunikationspartner:	raum-zeitliche Kopräsenz (*face-to-face*)	raum-zeitliche Trennung
7. Grad der Kooperation:[3]	intensiv	minimal
8. Grad der Dialogizität:	Dialog	Monolog
9. Grad der Spontaneität:	Spontaneität	Reflektiertheit
10. Grad der Themenfixierung:	freie Themenwahl	starke Themenfixierung

Das konzeptionelle „gesprochen/geschrieben"-Kontinuum repräsentiert die Nähe-Distanz-Variationsdimension, die zusammen mit den drei diasystematischen Variationsdimensionen *Diatopik* (Dialekte, Regiolekte), *Diastratik* (Soziolekte) und *Diaphasik* (Sprachstile) die „Architektur", den Varietätenraum einer historischen Einzelsprache konstituiert (s.u. Abb. 1 sowie Koch/Oesterreicher 2011, 15ff.; 2001, 605f.). Die Nähe-Distanz-Variationsdimension weist dabei die Besonderheit auf, dass sie im Unterschied zu den drei anderen Variationsdimensionen zweigeteilt ist. Neben *universalen* Merkmalen der Sprechsprache (wie bei-

---

[1] In Bezug auf den Kommunikationspartner (Affektivität) und/oder hinsichtlich des Kommunikationsgegenstands (Expressivität) (vgl. Koch/Oesterreicher 2011, 7).

[2] Entscheidend ist hier, wie nahe die bezeichneten Gegenstände und Personen der Sprecher-*origo* sind, womit die personale Dimension sowie die räumliche und zeitliche Situierung des Sprechers (*ich-hier-jetzt/ego-hic-nunc*) gemeint ist.

[3] Hängt von den direkten Mitwirkungsmöglichkeiten des/der Rezipienten bei der Produktion des Diskurses ab (vgl. Koch/Oesterreicher 2011, 7).

spielsweise Satzabbrüche, Interjektionen und Gliederungssignale) (s.u. Abb. 1 Ebene 1a) beinhaltet sie auch *historisch-kontingente* (einzelsprachliche) Merkmale gesprochener Sprache (s.u. Abb. 1 Ebene 1b),[4] d.h. sprachliche Formen, „deren Verwendungsbedingungen sich nicht – wie es häufig geschieht – im Rahmen der Diaphasik erfassen lassen" (Koch/Oesterreicher 2011, 17):

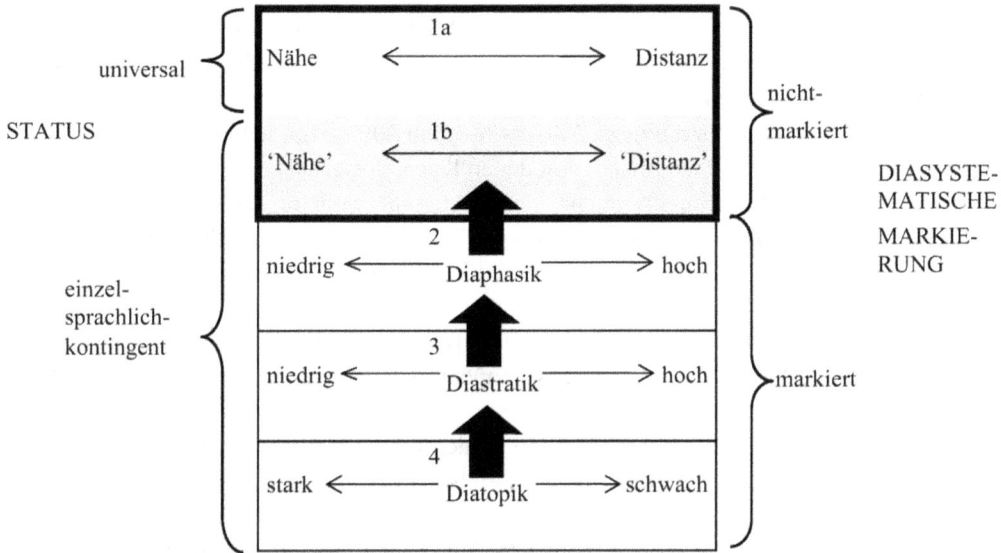

Abb. 1: Der Varietätenraum zwischen Nähe und Distanz nach Koch/Oesterreicher (2011, 17)

Die Berechtigung der „gesprochen-geschrieben"-Variationsdimension, insbesondere der einzelsprachlichen Ebene, ist mehrfach in Abrede gestellt worden (vgl. etwa Hunnius 1988; Kiesler 1995, 395; Schreiber 1999, 15f.; Radtke 2008): „Die Annahme einer […] Nähe- und Distanzsprache stellt keine eigene, autonome Dimension dar, sondern ist eine genuine diaphasische Dimension. Hier werden zwei diaphasische Ebenen bemüht" (Radtke 2008, 99). Koch/Oesterreicher rechtfertigen ihre Position mit dem Hinweis, dass es im Französischen (sowie in anderen romanischen Sprachen) sprachliche Fakten gibt, die weder diaphasisch noch diastratisch noch diatopisch festgelegt sind, dafür jedoch in konzeptioneller Hinsicht variieren, also beispielsweise in der (konzeptionell) *gesprochenen* Sprache eine hohe Frequenz aufweisen, während sie in der (konzeptionell) *geschriebenen* Sprache nicht existieren (vgl. Koch/Oesterreicher 2011, 16f., 150; iid. 2001, 606). Dies gilt beispielsweise für den Ausdruck *faut*, der im gesprochenen (nähesprachlichen) Französisch (das daneben auch das normgerechte *il faut* kennt) sehr häufig ist, im geschriebenen (distanzsprachli-

---

4   Mit *historisch-kontingent* ist gemeint, dass die betreffenden Sprachphänomene die Ergebnisse der historischen Entwicklung einer bestimmten Einzelsprache darstellen.

chen) Französisch jedoch fehlt. Die Variation von *faut* und *il faut* lässt sich aus diesem Grund nicht im Rahmen der mit Markierungen arbeitenden diaphasischen Variationsdimension erfassen, sondern einzig und allein mittels der „gesprochen-geschrieben"-Variationsdimension (vgl. Koch/Oesterreicher 2011, 164f.). Die Konstruktion *il faut* kann weder als diaphasisch hoch noch als diaphasisch niedrig eingestuft werden, da sie eben auf beiden Stilebenen verwendet wird, und *faut* kann seinerseits ausschließlich als „gesprochen" gekennzeichnet werden – eine diaphasische Markierung ist hier aufgrund der Kookkurrenz von *il faut* im gesprochenen (nähesprachlichen) Französisch nicht möglich. Ein weiteres Beispiel für eine Erscheinung, die sich nicht im Rahmen der Diaphasik erfassen lässt, wäre das weitgehende Fehlen des *passé simple* im (konzeptionell) gesprochenen Französisch (vgl. Koch/Oesterreicher 2001, 606; Koch 2003, 106; vgl. hierzu aber auch unten 6.1.7). Dass einzelne Phänomene, von denen Koch/Oesterreicher (2011) behaupten, sie seien in der informellen Sprechsprache inexistent, sehr wohl in der Nähesprache belegt sind, wird unten in Kap. 6 gezeigt (vgl. etwa 6.1.7 und 6.1.9). Dies berührt jedoch nicht die Daseinsberechtigung einer einzelsprachlichen Ebene innerhalb der „gesprochen-geschrieben"-Variationsdimension, da hier ja nicht ausschließlich Phänomene erfasst werden, die *exklusiv* in der Sprechsprache auftreten, sondern bei der Mehrzahl der Erscheinungen handelt es sich um *Frequenzunterschiede* gegenüber dem geschriebenen Französisch (vgl. Koch/Oesterreicher 2011, 164).

Schreiber (1999, 14ff.) gelingt es, diese beiden auf den ersten Blick unversöhnlichen Positionen (eigenständige „gesprochen-geschrieben"-Variationsdimension vs. Zuordnung zur Diaphasik) miteinander zu verbinden, indem er die diaphasische Variationsdimension (Diaphasik *im weiteren Sinne*) in drei Ebenen/Subdimensionen untergliedert und dabei die Unterscheidung zwischen gesprochener und geschriebener Sprache „als eine unter mehreren eigenständigen Möglichkeiten zur Differenzierung der situativen Dimension der Variation" (ib., 15) begreift:

a) die Ebene der *Sprachstile*, die Diaphasik *im engeren Sinne* (z.B. *gehoben, umgangssprachlich, vulgär* etc.);

b) die Ebene der *Kommunikationsbereiche*, die unterschiedliche Funktionalstile enthält (in der Forschungsliteratur wird im Allgemeinen von den folgenden fünf Funktionalstilen ausgegangen: Stil des öffentlichen Lebens, Stil der Wissenschaft, Stil der Publizistik, Stil der Belletristik und Alltagsstil);

c) die Ebene „Konzeption/Medium" mit der Unterscheidung „geschrieben" vs. „gesprochen".

Im Unterschied zu Koch/Oesterreicher (2011) bezieht Schreiber hinsichtlich der Differenzierung zwischen „geschrieben" und „gesprochen" neben der Konzeption auch das Medium ein, was deshalb dem Ansatz von Koch/Oesterreicher vorzuziehen ist, weil phonische und graphische Distanzsprache ebensowenig identisch sind wie phonische Nähesprache und graphische Nähesprache (vgl. Van Acker 2010, 5, Fußn. 10). Zwar wird der Aspekt des Mediums von Koch/Oesterreicher (2011) keineswegs *in toto* ausgeblendet (vgl. etwa ib., 4, 12ff.), der Einfluss des Kommunikationskanals auf die sprachliche Gestaltung der Äußerung wird aber in jedem Fall nicht in gebührendem Maße berücksichtigt.

Gegen das Variationsmodell von Koch/Oesterreicher (1990; ²2011) sind eine ganze Reihe weiterer Einwände erhoben worden. Nach Koch/Oesterreicher (2011, 17) konstituieren die linken Teilbereiche der Variationsdimensionen 1–4 die gesprochene Sprache/Nähesprache *im weiteren Sinne*, während der linke Teilbereich der Dimension 1 die gesprochene Sprache/Nähesprache *im engeren Sinne* repräsentiert (s.o. Abb. 1). Kiesler (1995, 395) kritisiert völlig zu Recht, dass dadurch insinuiert wird, dass die Nähesprache (Umgangssprache) generell diastratisch niedrig markiert sei, was jedoch eindeutig nicht zutreffend ist, „da alle Mitglieder einer Sprachgemeinschaft an ihr teilhaben" (ib., 381):

> Die Umgangssprache differenziert sich vertikal von einer Gesellschaftsschicht zur anderen. Sie ist nicht kennzeichnend für die Zugehörigkeit zu einer bestimmten Schicht. Jeder Sprecher hat an ihr einen wenn auch verschieden großen Anteil. (Kröll 1968, 4 zit. bei Kiesler 1995, 381)

Darüber hinaus wendet sich Kiesler (1995, 386f.) auch gegen die von Koch/Oesterreicher vorgenommene Differenzierung zwischen *universalen* und *einzelsprachlichen* Merkmalen des gesprochenen Französisch. Dass Erscheinungen wie Korrektursignale, Fehlstarts oder Nachträge (s.u. Kap. 5), die sich geradezu zwangsläufig aus den spezifischen Kommunikationsbedingungen spontanen Sprechens ergeben, in allen Sprachen der Welt auftreten, dürfte wohl kaum ein Sprachwissenschaftler in Zweifel ziehen, doch im Hinblick auf Phänomene wie segmentierte Sätze (s.u. 5.3.3) oder das narrative Präsens (s.u. 5.2.1), die in Koch/Oesterreicher (1990; ²2011) ebenfalls als universale Merkmale gesprochener Sprache präsentiert werden, ist dies durchaus fraglich bzw. wäre erst noch in sämtlichen Einzelsprachen nachzuweisen (vgl. Hunnius 2008, 2430; Kiesler 1995, 387). Allerdings präzisieren Koch und Oesterreicher, dass die von ihnen aufgeführten universalen Merkmale der gesprochenen Sprache nicht in *materieller*, sondern lediglich in *funktioneller* Hinsicht universal seien (Koch/Oesterreicher 2001, 592), und zwar insofern als „sie sich von den universalen Kommunikationsbedingungen und Versprachlichungsstrategien her begründen lassen, die das Nähesprechen fundieren" (Koch/Oesterreicher 2011, 41). So würden die einzelnen Sprachen beispielsweise pragmatische „Modulationen" (wie z.B. Abtönung (s.u. 5.1.7), Verstärkung etc.) teilweise durch ganz unterschiedliche Mittel (wie etwa Diskursmarker, syntaktische Umstellungen oder Verbalperiphrasen) vornehmen (vgl. Koch/Oesterreicher 2001, 592).

Kiesler hat gezeigt, dass die meisten der Phänomene, die von Koch/Oesterreicher (1990; ²2011) als *einzelsprachliche* Merkmale des gesprochenen Französisch präsentiert werden, nicht nur im Französischen, sondern auch in anderen (romanischen und nicht-romanischen) Sprachen auftreten.[5] Wir beschränken uns auf die Nennung weniger Beispiele (vgl. hierzu ausführlicher Kiesler 1995, 387f.): Die Nicht-Realisierung des sog. *e caduc* findet im Deutschen ([ha:bən] – [ha:bm̩], ([ham]) sowie im Englischen, Portugiesischen, Katalanischen und anderen Sprachen, die über einen Schwa-Laut verfügen, Parallelen; der Kürzung von frz. *cela* zu *ça* entspricht im Portugiesischen und Spanischen der Wechsel von *para* zu *pa*;

---

[5] Koch und Oesterreicher sind auf diesen Kritikpunkt – soweit ich sehe – in ihren späteren Arbeiten zu diesem Thema nicht eingegangen, was auch in Bezug auf die unten referierte Kritik von Dürscheid (2003) gilt (vgl. etwa Koch 2003; 2004; Koch/Oesterreicher 2001; 2011).

das Fehlen des *passé simple* zeichnet nicht nur die französische Umgangssprache aus, sondern auch die norditalienische und rumänische und findet darüber hinaus auch Entsprechungen im Slawischen sowie im Deutschen (im Unterschied zu Norddeutschland wird im süddeutschen Raum das Präteritum (*ich sagte*) in der *gesprochenen* Sprache nur sehr selten verwendet); die Tendenz, in bestimmten Kontexten anstelle des Konjunktivs den Indikativ zu gebrauchen, zeigt sich auch im Italienischen, Portugiesischen, Brasilianischen, Lateinischen und im Deutschen; eine Verkürzung der zirkumfigierenden („doppelten") Negation (*je ne sais pas*) zur postverbalen Negation (*je sais pas*) tritt auch in Norditalien, Graubünden sowie im Brasilianischen auf.

Eine weitere substantielle Kritik stammt von Dürscheid (2003), die zwischen *Kommunikationsformen* einerseits und *Textsorten* und *Diskursarten* andererseits unterscheidet. Unter *Kommunikationsformen* versteht die Autorin (2003, 40) „virtuelle Konstellationen", die ausschließlich durch *textexterne/situative* Merkmale bestimmt werden, so vor allem durch die Kommunikationsrichtung (monologisch/dialogisch), die Anzahl der Kommunikationspartner und die zeitliche Dimension der Kommunikation. Demgegenüber werden *Texsorten* sowohl über textexterne als auch über textinterne Eigenschaften definiert (ib.). Textsorten zeichnen sich insbesondere dadurch aus, dass ihnen eine bestimmte thematische Funktion eigen ist, während Kommunikationsformen multifunktional sind. So kann beispielsweise die Kommunikationsform E-Mail viele verschiedene thematische Funktionen haben, was jeweils unterschiedliche Versprachlichungsstrategien impliziert: Sie kann beispielsweise ein Gratulationsschreiben sein, eine Reklamation, ein Liebesbrief, eine Einladung, eine Werbe-Mail, eine Bestellung usw. (ib., 41). Die Kommunikationsform E-Mail umfasst also eine große Palette von funktionell und strukturell unterschiedlichen Textsorten. Im Unterschied zu Texten, die unabhängig von der Situation ihrer Entstehung an jedem Ort verstanden werden können, sind *Diskurse* an das Hier und Jetzt der Sprechsituation gebunden (ib.). Des Weiteren zeichnen sich Diskurse durch Wechselseitigkeit der Kommunikation aus, die bei Texten nicht gegeben ist (ib.):

Texte:	Diskurse:
situationsentbunden	situationsgebunden
nicht wechselseitig	wechselseitig

Als Beispiele für *Diskursarten* (d.h. Diskurse mit spezifischer thematischer Funktion) führt Dürscheid (ib., 42) unterschiedliche Spielarten der Kommunikationsform Chat an: den Polit-Chat, den Beratungs-Chat und den Unterrichts-Chat. Was nun ihre Kritik an Koch/Oesterreicher anbelangt, so hebt Dürscheid (2003, 47) hervor, dass sich in deren Nähe-Distanz-Modell ausschließlich Textsorten und Diskursarten einordnen lassen, jedoch keine Kommunikationsformen. Ein Beispiel: Eine geschäftliche E-Mail entsteht unter ganz anderen Kommunikationsbedingungen wie eine E-Mail amourösen Inhalts und weist folglich auch divergente sprachliche Merkmale auf. Sowohl die kommerzielle E-Mail als auch die „Liebes-E-Mail" können auf dem Kontinuum von Koch/Oesterreicher verortet werden, die E-Mail als solche, d.h. als Kommunikationsform, die eine Vielzahl funktionell und strukturell unterschiedlicher Textsorten „abdeckt", hingegen nicht. Kailuweit (2009) hat darüber hinausgehend aufgezeigt, dass auch eine spezifische Diskursart aus dem Bereich der Neuen

Medien, der unmoderierte, thematisch offene Chat (in der Literatur auch als „Plauder-Chat" bezeichnet), sich auf dem Nähe-Distanz-Kontinuum nicht eindeutig lokalisieren lässt, weil die Anwendung einzelner Parameter sich als höchst problematisch erweist: „Sie nehmen andere Werte an, je nachdem, ob wir den virtuellen Chatroom als Referenzraum der Kommunikation ansetzen oder den einzelnen Schreiber vor seinem Rechner" (Kailuweit 2009, 7). Ähnliches gilt auch für einzelne Textsorten. So ist etwa bei einer Predigt zwar raumzeitliche Nähe (Kopräsenz) der an der Kommunikationshandlung beteiligten Personen gegeben, in konzeptioneller Hinsicht ist diese Textsorte jedoch als distanzsprachlich („geschrieben") zu klassifizieren (vgl. Dürscheid 2003, 51). Auf die Möglichkeit solcher Widersprüche haben Koch/Oesterreicher (1985, 21) jedoch selbst – wenn auch nur beiläufig – hingewiesen: „Nun können wir das konzeptionelle Kontinuum definieren als den Raum, in dem nähe- und distanzsprachliche Komponenten im Rahmen der einzelnen Parameter sich mischen und damit bestimmte Äußerungsformen konstituieren".

Wenden wir uns nach diesen grundsätzlichen Überlegungen zur gesprochenen und geschriebenen Sprache den in der Romanistik vertretenen Konzepten des gesprochenen Französisch zu.

Wie schon Hunnius mit Recht betont hat, wird in dem Standardwerk von Söll (³1985) „gesprochenes Französisch" *de facto* weitgehend auf das im Alltag verwendete Französisch reduziert (Hunnius 2008, 2424) und auch bei Koch/Oesterreicher (1990; ²2011) liegt der Fokus hinsichtlich der gesprochenen Sprache auf der spontanen Alltagssprache (der *Nähesprache*), was sich aus dem vornehmlichen Erkenntnisziel und dem theoretischen Ansatz der beiden Autoren ergibt:

> Da uns die Unterschiede zwischen Mündlichkeit und Schriftlichkeit vornehmlich als Problem der sprachlichen Varietät im Französischen, Italienischen und Spanischen interessieren, stehen für uns in den folgenden Kapiteln die **konzeptionellen** Aspekte von Mündlichkeit und Schriftlichkeit im Vordergrund. An bestimmten Punkten der Darstellung werden jedoch auch Probleme des Mediums wichtig. (Koch/Oesterreicher 2011, 4)

Wer sich in erster Linie für die sprachliche Variation im Spannungsfeld zwischen Skripturalität und Oralität interessiert und zudem hinsichtlich der Beschreibung gesprochener und geschriebener Sprache der sprachlichen Konzeption mehr Bedeutung beimisst als dem Kommunikationskanal, der richtet sein Augenmerk freilich weniger auf die der normierten Schriftsprache (graphische Distanzsprache) nahestehende *formelle* Sprechsprache (phonische Distanzsprache), sondern widmet sich vor allem der *informellen, spontanen* Sprechsprache (Nähesprache). Im Falle des hexagonalen Französisch führt dies im Kern zu einer Kontrastierung von *Standard* und *Nonstandard*, da man im Hinblick auf die Verhältnisse im heutigen Frankreich „von einer weitgehenden Übereinstimmung von *Standard* und *geschriebener Sprache* einerseits sowie *Nonstandard* und *gesprochener Sprache* andererseits sprechen kann" (Schreiber 1999, 19).[6]

---

6   Für das Spanische beispielsweise gilt dies in weitaus geringerem Maße, was vor allem darin begründet liegt, dass hier im Vergleich zum Französischen der Abstand zwischen geschriebener und gesprochener Sprache deutlich geringer ausfällt, weshalb auch die Abwertung der gesprochenen

Versteht man unter gesprochenem Französisch anders als etwa Koch/Oesterreicher sowohl die informelle als auch die gehobene Sprechsprache, so läuft dies auf eine rein *mediale* Unterscheidung zwischen „gesprochenem" und „geschriebenem" Französisch hinaus, wie sie beispielsweise von Radtke (2008, 97) vorgenommen wird:

> Wenngleich der Beitrag „Gesprochenes Französisch" in diesem Themenblock auf die Ausführungen zu den diatopischen, diastratischen und diaphasischen Varianten folgt, ist festzuhalten, daß das gesprochene Französisch eine *natürliche mediale Manifestationsform* ist, aber keineswegs eine durch das Sprechen bedingte Variationsebene: Das gesprochene Französisch variiert nicht als Alternative zum geschriebenen Französisch, sondern erfaßt die durch die *Sonderheit der medialen Realisation bedingten Präferenzen* [...] *Die Manifestationen stellen keine Wahl im Normgefüge dar, sondern sind lediglich vom Medium her bedingt.* „Geschrieben" und „gesprochen" werden im folgenden als spezifische Ausprägungen einer *visuellen* und einer *akustischen* Artikulation verstanden. (Radtke 2008, 97; Hervorhebung S.B.)

Aus varietätenlinguistischer Sicht ist eine solche, einzig und allein auf den Aspekt des Mediums abhebende Unterscheidung zwischen geschriebener und gesprochener Sprache freilich völlig unzureichend. Hierzu nur ein Beispiel zur Illustration: Der *passé simple* begegnet sowohl in der graphischen als auch in der phonischen Distanzsprache, er fehlt aber weitestgehend in der phonischen *und* graphischen Nähesprache (s.u. 1.2 und 6.1.7). Das heißt, dass die Variation bezüglich des *passé simple* im Gegenwartsfranzösischen sich nicht medial erfassen lässt, sondern ausschließlich konzeptionell.

Ob man „gesprochenes Französisch" konzeptionell oder medial auffasst, ist, wie wir sehen werden, nicht zuletzt auch im Hinblick auf die kontrovers diskutierte Frage, ob das gesprochene Französisch ein eigenständiges grammatisches System besitzt (s.u. 1.2), von Bedeutung.

In vorliegender Arbeit, deren Hauptanliegen die Beschreibung der *system*bezogenen und der frequentiellen (also die Ebene der *Norm* betreffenden) Unterschiede zwischen dem gesprochenen Französisch und der Schriftsprache ist,[7] wird unter *gesprochenem Französisch* die phonisch realisierte spontane Alltagssprache verstanden, die als prototypische Form der Sprechsprache gelten darf und zudem sowohl in qualitativer als auch in quantitativer Hinsicht die stärksten Abweichungen gegenüber der konzeptionell geschriebenen Sprache offenbart. Die mediale Beschränkung auf den phonischen Code hat aber auch praktische Gründe: Während bezüglich der phonisch artikulierten Alltagssprache umfangreiche Korpora des Französischen vorliegen, trifft dies im Hinblick auf die graphische Nähesprache (z.B. „Plauder-Chat", private E-Mails, Privatbriefe etc.) nicht zu. Auf das Varietätenmodell von Koch/Oesterreicher (s.o.) bezogen lässt sich sagen, dass die Alltagssprache die gesamte linke Hälfte des Schemas, d.h. aller vier Variationsdimensionen, umfasst, wobei jedoch zu

---

Sprache durch die Standardnorm nicht so ausgeprägt ist wie in Frankreich (vgl. Schreiber 1999, 19).

[7] *System* und *Norm* sind hier im Coseriu'schen Sinne zu verstehen, wonach die *Norm* „all das, was [...] traditionell, allgemein und beständig, wenn auch nicht notwendig funktionell ist" bezeichnet, während „das *System* nur die funktionellen Oppositionen, nämlich alles, was in einer einzelsprachlichen Technik distinktiv ist" enthält (Coseriu 1988, 297f. zit. bei Schreiber 1999, 12).

betonen ist, dass Alltagssprache nicht grundsätzlich diastratisch niedrig markiert ist (s.o.). Da die Dialekte des hexagonalen Französisch aus heutiger Sicht kaum noch von Bedeutung sind,[8] wird im Folgenden keine Gesamtdarstellung der Diatopik des Französischen angestrebt, sondern es wird lediglich die bedeutendste diatopische Varietät, das Regionalfranzösische Kanadas, behandelt.

Schließlich noch ein Hinweis zur Terminologie: Wenn im Folgenden von „gesprochenem Französisch" bzw. „français parlé" die Rede ist, dann ist damit ausschließlich die *phonisch* realisierte Alltagssprache gemeint, andernfalls werden Präzisierungen ergänzt, wie etwa *phonische Distanzsprache, formelle Sprechsprache* usw.

1.2 Die Frage der Eigenständigkeit des gesprochenen Französisch

Uneinigkeit besteht in der Forschung nicht nur hinsichtlich der Frage, welche Varietäten/Register beziehungsweise Realisierungsformen unter das Rubrum *gesprochenes Französisch* fallen, sondern auch in Bezug auf die Frage, ob bzw. inwieweit das gesprochene Französisch als ein eigenständiges Sprachsystem zu betrachten ist, oder anders ausgedrückt, ob im modernen Französisch eine Diglossiesituation gegeben ist, d.h. ein Nebeneinander von zwei divergierenden Sprachsystemen (gesprochenes Französisch vs. geschriebenes Französisch) mit jeweils spezifischen Funktionen und unterschiedlichem Status (vgl. Blanche-Benveniste 2003, 317; Hunnius 2008, 2425; Müller 1990, 195f.). Auch bei dieser Diskussion stehen sich vor allem zwei Positionen gegenüber.

Von einigen Autoren, wie etwa Blanche-Benveniste (1997, 65) und Radtke (2008, 100f.), wird zwar eingeräumt, dass es in der Morphologie markante Divergenzen zwischen gesprochenem und geschriebenem Französisch gibt, gleichzeitig wird jedoch herausgestellt, dass dies keinesfalls für die Syntax gelte (Blanche-Benveniste 1997, 65) bzw. dass die beiden Realisierungsformen von diesen Abweichungen abgesehen grundsätzlich über dieselbe Grammatik verfügen (Radtke 2008, 100). Blanche-Benveniste (1997, 147) erteilt der Zwei-Sprachen- bzw. Zwei-Systeme-These zudem eine klare Absage und spricht gar von der „idée très néfaste des deux codes, ‚code écrit et code oral', répandue vers les années 1970 dans le sillage de notions simplettes sur la communication".

Demgegenüber diagnostiziert Koch (2004, 623) im Bereich der Grammatik (wobei der Autor nicht zwischen Morphologie und Syntax differenziert) aufgrund ganz erheblicher Unterschiede zwischen *français parlé* und *français écrit* deutlich ausgeprägte diglossische Tendenzen. Kramer (2010) verwendet seinerseits zwar nicht den Terminus *Diglossie*, doch

---

[8] „Die Dialekte des Französischen spielen heute keine große Rolle mehr [...] Neuere Untersuchungen zeigen, dass Kenntnisse, zumindest passive, der verschiedenen »langues d'oïl«, zu denen etwa das Normannische, Burgundische, Lothringische und Poitevinische gehören, noch bei etwa 200.000–400.000 Franzosen vorhanden sind, also bei weniger als 1% der Gesamtbevölkerung" (Bossong 2008, 154f.).

wird von ihm betont, dass das heutige Französisch zwei Grammatiken aufweise, eine mündliche Grammatik des frühen 21. Jh. und eine schriftliche Grammatik, die weitgehend den Sprachstand des frühen 13. Jh. reflektiert (vgl. Kramer 2010, 108, 112, 116),[9] so dass das Französische als einzige romanische Sprache die Besonderheit biete, zwei 800 Jahre auseinanderliegende Sprachtypen miteinander zu kombinieren, was für den Fremdsprachenlerner den Erwerb des Französischen weitaus schwieriger gestalte als die Aneignung etwa des Spanischen oder Italienischen (ib., 116).

Wie sich im Folgenden zeigen wird, betreffen einige der hervorstechenden Unterschiede in der Morphologie tatsächlich die Ebene des *Sprachsystems* (im Coseriu'schen Sinne; s.o. in 1.1 Fußn. 7), während die Abweichungen in der Syntax lediglich *frequentielle* Kontraste, d.h. Unterschiede auf der Ebene der *Norm* (nach der Definition von Coseriu) darstellen. Hinsichtlich der Frage nach der Eigenständigkeit des gesprochenen Französisch sollte jedoch nicht nur – wie in der Forschungsliteratur überwiegend praktiziert – die Grammatik berücksichtigt werden, sondern es ist geboten, auch den Wortschatz miteinzubeziehen (s.u. 6.2.3).

Wie oben in 1.1 schon erwähnt wurde, wird die Beurteilung der Eigenständigkeit des gesprochenen Französisch freilich auch dadurch bestimmt, ob ein konzeptioneller oder medialer Ansatz verfolgt wird. Diejenigen Autoren, die bei „gesprochenem Französisch" entsprechend der konzeptionellen Interpretation ausschließlich bzw. prioritär die Alltagssprache im Visier haben, machen die grammatische Eigenständigkeit des *français parlé* beispielsweise – um ein besonders prominentes Merkmal herauszugreifen – daran fest, dass hier der *passé simple* im Unterschied zum geschriebenen Französisch nicht verwendet werde (vgl. etwa Koch 2004, 618),[10] was in der Tat eine Abweichung auf der Ebene des Sprachsystems bedeuten würde. Fasst man „gesprochenes Französisch" hingegen rein medial auf, so ergibt sich diesbezüglich kein grundlegender (systembezogener) Unterschied zum „geschriebenen Französisch", da der *passé simple* auch in der *gehobenen* Sprechsprache, „dans certains récits et dans certaines formes de discours publics" (Blanche-Benveniste 2003, 330), auftritt.

---

[9] Ebenso wie Koch (2004) unterscheidet auch Kramer hier bezüglich der Grammatik nicht zwischen Morphologie und Syntax.

[10] Wie unten in 6.1.7 gezeigt wird, stimmt diese pauschalisierende Aussage jedoch nicht mit dem tatsächlichen Sprachgebrauch überein. Wir haben es hier vielmehr mit einem Vorurteil zu tun, dessen Tradierung wohl vor allem vor dem Hintergrund des apodiktischen Urteils von Bally (1965, 217) zu erklären ist: „La langue parlée a totalement éliminé le passé simple" (vgl. hierzu auch Hunnius 1988, 340f.).

Aufgaben

1. Nennen Sie einige markante Unterschiede zwischen gesprochenem und geschriebenem Französisch im Bereich der Morphologie.
2. Auch im Deutschen bestehen Divergenzen zwischen geschriebener und gesprochener Sprache. Inwiefern unterscheiden sich die diesbezüglichen Verhältnisse im Französischen jedoch grundlegend von denen in der germanischen Nachbarsprache?
3. Welche sprachhistorischen Gründe lassen sich als Erklärung für die geringe diatopische Variation im heutigen Frankreich anführen?
4. Gibt es neben den von Koch/Oesterreicher (2011) genannten Faktoren (Geographie (Diatopik)), soziale Schicht (Diastratik), Kommunikationssituation (Diaphasik), sprachliche Konzeption (Nähe-Distanz)) noch weitere Kriterien, die sprachliche Variation bewirken?
5. Diskutieren Sie die These: „In Frankreich gibt es nicht *ein* gesprochenes Französisch, sondern vielmehr *zwei* Sprechsprachen: das gesprochene Französisch des *Midi* und das gesprochene Französisch der übrigen (nördlichen) Regionen".
6. Lesen Sie Kailuweit (2009). Wie ist die Chat-Kommunikation im Hinblick auf die Unterscheidung zwischen „gesprochen" und „geschrieben" (im Sinne von Koch/Oesterreicher (2011)) zu charakterisieren?

2. Überblick über die Forschungsgeschichte und Diskussionsschwerpunkte

2.1 Zur Erforschung der historischen Dimension des gesprochenen Französisch

Was die Erforschung der historischen Dimension des gesprochenen Französisch anbelangt, so liegen inzwischen eine ganze Reihe von Einzeluntersuchungen sowie einige bibliographische Zusammenstellungen und Überblicke vor (vgl. hierzu Holtus/Schweickard 1991; Hunnius 2008), eine resümierende Gesamtdarstellung stellt jedoch nach wie vor ein Desideratum dar (vgl. Hunnius 2008, 2424).

In seinem Beitrag „Pour une diachronie du français parlé" plädiert Schafroth (2005) für eine umfassende historische Untersuchung des gesprochenen Französisch, wobei gleichzeitig auf die enormen methodologischen Schwierigkeiten, aber auch auf den vielfältigen Nutzen eines solchen Projekts für die Sprachwissenschaft hingewiesen wird (vgl. hierzu auch Koch 2003, 106–113). Freilich ist Schafroth zuzustimmen, wenn er ausführt, dass die systematische Auswertung der von ihm aufgelisteten Quellen, wie etwa der Sprachgebrauch in Gesprächsbüchern, metalinguistische Aussagen in Grammatiken, Sprachtraktaten, Wörterbüchern, literarischen Werken, Antibarbari etc., zu einem Erkenntnisgewinn bezüglich des soziolinguistischen Status einer bestimmten nonstandardsprachlichen Form/Konstruktion oder beispielsweise auch hinsichtlich der sprachlichen Normalisierung während der betreffenden Epoche führt. Gleichzeitig muss jedoch auch gesehen werden, dass die Rekonstruktion bzw. Erfassung des gesprochenen Französisch vergangener Epochen oder auch nur des syntaktischen Funktionierens oder der Distribution einzelner Formen bzw. Strukturen absolut nicht geleistet werden kann, weil für diese Phasen der französischen Sprachgeschichte keine Sprachdaten vorliegen, von denen sich mit Gewissheit sagen ließe, dass sie das *français parlé* der jeweiligen Epoche repräsentieren.[1] Selbst der sprachhistorisch zweifellos äußerst wertvolle *Journal d'Héroard* (die Tagebuchnotizen von Jean Héroard, der als Leibarzt des jungen Louis XIII versucht hat, dessen sprachliche Entwicklung minutiös zu protokollieren), bei dem die Authentizität der Sprache als weitgehend gesichert gelten darf, wirft für die *français-parlé*-Forschung ein großes Problem auf: Wegen des kindersprachlichen und ideolektalen Charakters (es liegt uns keine einzige vergleichbare Quelle vor) stellt sich die Frage nach der Repräsentativität des darin aufgezeichneten Sprachgebrauchs (vgl. Hunnius 2008, 2429):

> le caractère unique de ce document et l'absence d'une source comparable rendent la question de sa représentativité extrêmement difficile. Quand, par exemple, nous y découvrons la chute de *ne* dans la négation, est-ce que cela reflète seulement l'usage oral, un niveau de langue informelle, ou un trait caractéristique du langage enfantin? (Schafroth 2005, 427)

---

[1] Zu den unterschiedlichen Authentizitätsproblemen der schriftlichen Quellen vgl. Schafroth 2005; Hunnius 2008, 2429; Koch/Oesterreicher 2001, 614; Koch 2003, 112f.

Daher ist Hunnius zuzustimmen, wenn er konstatiert, „dass das Ziel, der Geschichte der geschriebenen Sprache ein entsprechendes Pendant für die gesprochene Sprache zur Seite stellen zu wollen, streng genommen unerreichbar ist" (Hunnius 2008, 2429; vgl. auch Koch/Oesterreicher 2001, 615). An diesem Befund wird sich auch in Zukunft nichts Grundsätzliches ändern, da „die Suche nach ‚authentischen' Texten gesprochener Sprache für historische Sprachstufen der Quadratur des Kreises gleich[kommt]" (Berschin 1996 zit. bei Hunnius 2008, 2429).

2.2   Das Konzept des *français avancé* und die „controverse allemande"

In der ersten Hälfte des 20. Jh. kam in der strukturalistisch geprägten romanischen Sprachwissenschaft das Konzept des *français avancé* auf, das auf der Überzeugung beruht, dass Normabweichungen des gesprochenen Gegenwartsfranzösisch „als junge, erst vor kurzem entstandene, aber zukunftsträchtige Entwicklungen" (Hunnius 2008, 2425) einzustufen seien. Da die Anhänger dieses Konzepts das gesprochene Französisch jedoch ausschließlich aus synchroner Perspektive betrachteten, also historische Faktoren, wie die sozialen und kulturellen Entstehungsbedingungen des *français parlé*, gänzlich außer Acht ließen, kann es kaum verwundern, dass eine ganze Reihe der angeblichen Innovationen des *français avancé* sich im Rahmen sprachhistorischer Überprüfungen als Phänomene entpuppten, die auch für ältere Sprachstufen belegt sind (s.u.) und somit nach Auffassung zahlreicher Autoren keinesfalls als Indizien für die Progressivität des gesprochenen Französisch gelten können, sondern vielmehr dessen konservativen Charakter offenbaren (vgl. etwa Bork 1975; Steinmeyer 1979; Blanche-Benveniste 1997, 44f. sowie Hunnius 1975 und 2008, 2425). Die Frage nach dem Alter der Merkmale des gesprochenen Französisch hat insbesondere innerhalb der deutschsprachigen Romanistik ab 1975 zu einer lebhaften Diskussion geführt, die als „controverse allemande" in die Fachgeschichte eingegangen ist (vgl. Hunnius 2008, 2425f.; Koch 2004, 615) und nach dem Urteil von Hunnius (2008, 2426) schließlich dazu geführt hat, „dass die angebliche Katalysatorrolle, die das gesprochene Französisch für den Sprachwandelprozess spielen sollte, in Frage gestellt und das Konzept des *français avancé* als Mythos entlarvt wurde". Bei dieser Kontroverse stehen sich vor allem Koch (2004) als Befürworter des Konzepts des *français avancé* und Hunnius (1988, 2003, 2008) als Vertreter der kritischen Position gegenüber.

Die Auseinandersetzung kann hier nicht im Detail dargestellt werden, wir wollen uns vielmehr auf die wichtigsten Argumente der beiden Lager beschränken, die einer kritischen Betrachtung unterzogen werden sollen.

Koch (2004) vertritt die Auffassung, dass nähesprachliche Varietäten (wie etwa das *français parlé* und das Vulgärlatein) unterm Strich innovationsfreudiger (progressiver) seien als die (eher konservativen) distanzsprachlichen Varietäten (wie z.B. das klassische Latein und die (gehobene) französische Schriftsprache). Wenn nun innerhalb einer Sprachgemeinschaft der Gegensatz zwischen einer sich beständig verändernden Nähesprache und einer eher „stagnierenden" Distanzsprache immer größer wird, dann wird dies nach Koch (2004, 624ff.) letztlich dazu führen, dass die Nähesprache in den Distanzbereich eindringt und die Distanzsprache ablöst. Im romanischen Kontext repräsentiere das Vulgärlatein den Modellfall für eine solche Entwicklung: Der Antagonismus, genauer gesagt die Diglossiesituation, bei der sich das distanzsprachliche klassische Latein und das nähesprachliche Vulgärlatein gegenüberstanden, wurde dadurch aufgelöst, dass das Vulgärlatein beim Übergang zu den romanischen Sprachen den distanzsprachlichen Bereich übernommen hat. Koch nimmt darüber hinaus eine Parallelisierung von gesprochenem Latein (Vulgärlatein) und gesprochenem Französisch vor: Da dem Gegenwartsfranzösischen ein großer, diglossieähnlicher Abstand zwischen der gesprochenen und der geschriebenen Sprache bescheinigt werden müsse (vgl. Koch 2004, 622ff.), sei davon auszugehen, dass das *français parlé* (= *français avancé*) sich im Laufe der weiteren sprachlichen Entwicklung den Distanzbereich „erobern" werde (ib., 625f.). Indizien dafür, dass dies eher früher als später geschehen dürfte, sind nach Koch (ib., 626) die Zunahme des Konsums audiovisueller Medien, die soziale und sprachliche Desintegration der Jugendlichen in den *cités* sowie die Klagen französischer Kollegen über die sprachlichen Fähigkeiten ihrer Studierenden.

Hunnius (2003, 2008) hingegen vertritt eine den Auffassungen Kochs diametral gegenüberstehende Position: Er spricht sich gegen das Konzept des *français avancé* aus und betont demgegenüber den Konservatismus der Nähesprache, insbesondere des Vulgärlateins und des gesprochenen Französisch. Zudem negiert er die von Koch vorgenommene Parallelisierung von Vulgärlatein und gesprochenem Französisch mit dem Hinweis auf die Einzigartigkeit der Entwicklung des Vulgärlateins zu den romanischen Sprachen, die primär in den besonderen soziokulturellen Rahmenbedingungen dieses Prozesses begründet liege. Gemeint sind hier in erster Linie der kulturelle Niedergang (einschließlich der Auflösung des antiken Schulwesens im 6. Jh.) und der politische Zusammenbruch des westlichen Teils des *Imperium Romanum*.

Was die These *progressive Nähesprache vs. konservative Distanzsprache* anbelangt, so lässt sich diese ebenso wenig aufrechterhalten wie die These vom genuinen Konservatismus der Nähesprache (vgl. Koch 2004, 615–619), da sich sowohl im Vulgärlatein als auch im gesprochenen Französisch neben Innovationen auch Konservatismen nachweisen lassen. Bezüglich der Innovationen ist zweierlei kritisch anzumerken:

1. Die Einstufung einzelner Phänomene als Innovationen wird oftmals voreilig vorgenommen, d.h. es wird nicht bzw. nicht mit der notwendigen Sorgfalt überprüft, ob die betreffenden Erscheinungen nicht auch für ältere Sprachstufen belegt sind (vgl. Hunnius 2008, 2425). Hierzu ein Beispiel (vgl. hierzu ausführlicher Barme in Vorbereitung): Die Verwendung von Adjektiven mit adverbialer Funktion, wie z.B. in *je ne veux pas bronzer idiot*; *il est grave naze*, wird von Marchello-Nizia (2003, 80) erstaunlicherweise den „innovations récentes" des Gegenwartsfranzösischen zugerechnet, obwohl dieses Phänomen in großer Zahl im Altfranzösischen begegnet (vgl. etwa Buridant 2000, 208; Zink 2007, 38; Ménard 1994, 121):

Vers Sarrazins reguardet fierement E vers Franceis *humeles* (= humblement) e dulcement (*Chanson de Roland*, 1162–1163; zit. bei Zink 2007, 38)

les herbes en arache…mes mout les treuve *cleres* nees
(*Roman de la Rose*, 10127–10129; zit. bei Zink 2007, 38)

En son langaige l'a *cortois* apelé
(zit. bei Buridant 2000, 208)

La lune luisoit *cler*
(*Erec*, 4900; zit. bei Buridant 2000, 208)

Als Adverben fungierende Adjektive sind darüber hinaus sowohl für das klassische Latein als auch für die lateinische Umgangssprache dokumentiert, siehe etwa die volkssprachlichen Belege *transversus ambulabit*, *miser vivo* und *felix vivas* (vgl. Hofmann/Szantyr 1972, 172).

2. In anderen Fällen erfolgt die Klassifikation einzelner Phänomene als Innovationen deshalb vorschnell, weil die seit einiger Zeit in größerer Zahl vorliegenden umfangreichen Korpora des gesprochenen Französisch nicht als Datenbasis herangezogen wurden. Wenn Koch (2004, 618) beispielsweise den völligen (!) Verlust des *passé simple* den relativ jungen Besonderheiten des nähesprachlichen Französisch zurechnet, dann wird dabei „unterschlagen", dass einzelne Formen des *passé simple* in nähesprachlichen Korpora des hexagonalen Gegenwartsfranzösisch belegt sind (s.u. 6.1.7). Das gegenüber dem geschriebenen Französisch Neue besteht also lediglich in einer Divergenz hinsichtlich der Vorkommensfrequenz dieses Tempus, die in diesem speziellen Fall jedoch besonders drastisch ausfällt.

Im Hinblick auf die Parallelisierung von Vulgärlatein und gesprochenem Französisch ist zweifelsohne Hunnius Recht zu geben. Die Spannung zwischen der gesprochenen Sprache und der geschriebenen Sprache im heutigen Frankreich lässt sich aus den von Hunnius genannten Gründen (s.o.) nicht mit dem Übergang vom Vulgärlatein zu den romanischen Sprachen vergleichen. Dies bedeutet, dass auch die „futurologischen" Aussagen von Koch zurückzuweisen sind: Zwar lassen einerseits die von Koch genannten Indizien (s.o.) einen Umbruch, bei dem das nähesprachliche Französisch zur neuen Distanzsprache wird, längerfristig durchaus als grundsätzlich möglich erscheinen, doch gibt es andererseits auch mehrere fundamentale Unterschiede zwischen dem modernen Frankreich und der römischen Spätantike, die mit Nachdruck gegen einen solchen Ablösungsprozess sprechen. In der Spätantike sowie im frühen Mittelalter gab es eine eindeutige Präponderanz der Oralität und es fehlten kulturelle Einrichtungen, wie Schulen, sowie sprachnormierende Institutionen (vgl. Metzeltin 1998, 1047; Kramer 1999, 1ff.; Fuhrmann 1996, 343–346). Das moderne Frankreich hingegen ist mit Schulen, Universitäten und anderen kulturellen Einrichtungen (wie z.B. Bibliotheken) übersät und bekanntlich wacht die 1635 gegründete *Académie française* mit Argusaugen über die französische Sprache. In der Spätantike stand einer zahlenmäßig extrem kleinen Bildungselite eine enorm große Zahl von Analphabeten gegenüber (vgl. Metzeltin 1998, 1047; Kramer 1999; Fuhrmann 1996, 343–346). Nicht so im heutigen Frankreich: Die Zahl der Analphabeten ist minimal, jedoch gibt es, ebenso wie in Deutschland und den übrigen westlichen Industrienationen, eine recht große Gruppe von „bildungsfernen" Personen, denen allerdings – in krassem Gegensatz zu den spätantiken (und frühmittelalterlichen) Verhältnissen – eine sehr vitale und zahlenmäßig ebenfalls sehr starke Gruppe von gebildeten Sprechern gegenübersteht. Während in der Spätantike die *litterati* beinahe eine *quantité négligeable* darstellten, sind die gebildeten Bevölkerungsteile im modernen Frankreich sowohl in sozioökonomischer und politischer Hinsicht als auch zahlenmäßig so stark, dass kaum damit zu rechnen ist, dass die innerhalb dieser Gruppen (Familien) sowie in den Schulen, Universitäten und Medien tradierte Distanzsprache in weitgehendem Maße durch das nähesprachliche Französisch zurückgedrängt oder gar gänzlich verdrängt wird – eine Entwicklung wie die „politisch-kulturelle Zersplitterung" (Kramer 1999, 19), die zwischen dem 6. und 8. Jh. im Westteil des Römischen Reichs auch zu einer „sprachlichen Zersplitterung", d.h. zur Herausbildung des Französischen (und der übrigen romanischen Sprachen) aus dem Vulgärlatein führte, muss vor diesem Hintergrund als extrem unwahrscheinlich gelten, weshalb die von Koch vorgenommene Parallelisierung von Vulgärlatein und *français parlé* nicht überzeugend ist.

2.3 Gesprochenes Französisch und Sprachtypologie

Die Beurteilung des gesprochenen Französisch als *français avancé* begegnet auch in zahlreichen sprachtypologischen Arbeiten zum Französischen bzw. zur Gesamtheit der romanischen Sprachen.

Eine bedeutende sprachtypologische Unterscheidung, die bis ins 19. Jh. zurückreicht, ist die von August Wilhelm von Schlegel in seiner Schrift *Observations sur la langue et la littérature provençales* (Paris 1818) vorgenommene Differenzierung zwischen *synthetischen* und *analytischen* Sprachen, die sich auf die morphologische Struktur sprachlicher Formen bezieht. *Synthetisch* bedeutet hier, dass die lexikalische und die grammatische Komponente in einem Wort „verpackt" sind, wie etwa in folgenden Beispielen:

	lexematisches Element:	morphematisches Element:
lat. *fratris*	*fratr*	*-is*
lat. *amicae*	*amic*	*-ae*
lat. *longior*	*long*	*-ior*
lat. *longissimus*	*long*	*-issimus*

Analytisch meint hingegen, dass die beiden Bestandteile auf verschiedene Wörter aufgeteilt sind, wie etwa in den französischen Entsprechungen unserer lateinischen Beispiele (vgl. Geckeler 1989, 173; Geckeler/Dietrich 2003, 145; Sokol 2007, 127):

Morphem(e):	Lexem:
du	*frère*
de l'	*amie*
plus	*long*
le plus	*long*

Während das Lateinische überwiegend synthetisch strukturiert ist, hat in den romanischen Sprachen der Anteil der Analytizität im Vergleich zum gemeinsamen Vorläufer Latein deutlich zugenommen, was insbesondere für das Französische, und zwar vor allem eben für das *français parlé* gilt. Zu den Formen, die in der Forschungsliteratur immer wieder angeführt werden, um die Tendenz des gesprochenen Französisch zum analytischen Sprachbau zu demonstrieren, zählt der *passé simple*. Dass der Gebrauch dieses synthetischen Tempus im gesprochenen Französisch stark zurückgegangen ist und dafür der analytische *passé composé* zum Einsatz kommt, wird als Indiz für den *drift* des *français parlé* in Richtung Analytismus gewertet, siehe etwa *je fus* (*passé simple*) vs. *j'ai été* (*passé composé*) (vgl. Hunnius 2008, 2426).

Die Unterscheidung *synthetisch/analytisch* wurde von Weinrich (1962) kritisiert und durch den Gegensatz *Prädetermination* vs. *Postdetermination* ersetzt, wobei *Prädetermination* bedeutet, dass das morphematische Element dem lexikalischen Bestandteil vorangeht (wie etwa in frz. *plus long*), während bei der *Postdetermination* die umgekehrte Reihenfolge gegeben ist (wie z.B. in lat. *long-ior*) (vgl. Geckeler/Dietrich 2003, 145). Zahlreiche Romanisten sind mit Weinrich (1962, 186) der Auffassung, dass die Prädetermination „eines der wichtigsten Strukturmerkmale der französischen Sprache" ist und auch bezüglich dieser Unterscheidung gilt vielen Linguisten das gesprochene Französisch als progressiv. Betrachten wir hierzu ein Beispiel: Während die Markierung der grammatischen Kategorie *Person* in der geschriebenen Sprache überwiegend prä- und postdeterminierend erfolgt, und zwar durch das der Verbform vorangestellte Subjektpersonalpronomen sowie durch das an den Verbstamm angehängte Flexionssuffix (z.B. *tu* chant*es*),[2] liegt im *français parlé* in den meisten Fällen ausschließlich Prädetermination vor, da bei den regelmäßigen Verben beispielsweise im Präsens Indikativ die Konjugationsformen des Singular sowie der 3. Person Plural aufgrund des Verstummens der Flexionsendungen lautlich zusammenfallen (vgl. Ineichen 1999, 114):

geschriebene Sprache:	gesprochene Sprache:
(*code graphique*)	(*code phonique*)
je chante	[ʒ(ə) ʃãt]
tu chantes	[ty ʃãt]
il chante	[i(l) ʃãt]
nous chantons	[nu ʃãtõ]
vous chantez	[vu ʃãte]
ils chantent	[i(l) ʃãt]

Geckeler (1989, 181) gebührt das Verdienst, gezeigt zu haben, dass beide Unterscheidungen ihre „raison d'être" haben und es sinnvoll ist, sie miteinander zu kombinieren, was deshalb problemlos möglich ist, weil sie bei genauer Betrachtung zwei unterschiedliche Strukturierungsebenen betreffen. Während sich die Unterscheidung *synthetisch/analytisch* auf den Grad der morphologischen Kohäsion der Wörter bezieht, geht es bei dem Gegenüber von *Prä- und Postdetermination* ausschließlich um die Position des grammatischen Elements zu dem zu determinierenden lexikalischen Bestandteil (ib.). Die von Geckeler vorgeschlagene hierarchische Kombination der beiden Differenzierungen, die eine genauere Be-

---

[2] Eine Ausnahme bilden die 1. und 3. Person Singular, da hier die Flexionsendungen identisch sind, die Personenmarkierung also lediglich prädeterminierend in Form des Subjektpersonalpronomens vorgenommen wird: *je chante* vs. *il, elle chante*.

schreibung der sprachstrukturellen bzw. sprachtypologischen Ausrichtung des Französischen ermöglicht als die Ansätze von A. W. Schlegel und Weinrich, stellt sich wie folgt dar (vgl. Geckeler 1989, 182f.):

analytisch:

A. prädeterminierend:
Explizierung der Kategorie *Kasus*
beim Substantiv: *de la maison*
Steigerung des Adjektivs: *plus fort*
Determination des Substantivs: *ce garçon*

B. postdeterminierend:
postverbale Negation: *je sais pas*

synthetisch:

C. prädeterminierend:
Präfixbildung: *revoir, débloquer, défavorable, ininflammable*

D. postdeterminierend:
Numerusmarkierung am Nomen:[3]
chien/chiens
Genusmarkierung am Adjektiv:[4]
petit/petite
Tempusmarkierung bei den einfachen
Tempora: *(il, elle) chante/chantait/chanta
chantera/chanterait*[5]

Wie dieser Gegenüberstellung bereits zu entnehmen ist, sind für das Französische vor allem die Kombinationen A (analytisch-prädeterminierend) und D (synthetisch-postdeterminierend) charakteristisch, während B und C nur in geringem Maße vertreten sind, was auch für die übrigen romanischen Sprachen gilt (vgl. Geckeler 1989, 183).

Ein weiterer vielbeachteter typologischer Ansatz stammt von Eugenio Coseriu (1988), der von der Existenz eines romanischen Sprachtypus ausgeht. Dieser zeichnet sich nach Coseriu (ib., 211ff.) dadurch aus, dass *innere, nicht-relationelle* Funktionen (Funktionen der Wörter an sich, Funktionen mit direktem Bezug zur Wirklichkeit), wie etwa *Numerus* und *Genus* im Nominalbereich und die Kategorie *Person* im Verbalbereich, *paradigmatisch* (also auf der Ebene des Wortes) ausgedrückt werden:

	Italienisch:	Spanisch:
Numerus:	*amico* vs. *amici*	*amigo* vs. *amigos*
Genus:	*amico* vs. *amica*	*amigo* vs. *amiga*
Person:	*parlo* vs. *parli* etc.	*hablo* vs. *hablas*[6] usw.

---

[3] Bekanntlich ist die synthetische Numerusmarkierung im modernen Französisch, von wenigen Ausnahmen abgesehen (z.B. *cheval/chevaux*), auf die geschriebene Sprache, den skripturalen Code, beschränkt.

[4] Mit unterschiedlicher Realisierung im phonischen und im skripturalen Code: *petit* [p(ə)ti] vs. *petite* [p(ə)tit], *doux* [du] vs. *douce* [dus] usw.

[5] Bei den Formen *chantait, chantera* und *chanterait* bildet das auslautende *-t* bzw. *-a* das Person-Numerus-Morphem; da der Präsens Indikativ in temporaler Hinsicht als neutral gilt, fehlt bei *chante* im Unterschied zu den anderen Formen ein Tempus-Modus-Morphem. Von einigen Autoren wird hier ein sog. *Nullmorphem* angesetzt (vgl. Schpak-Dolt 2010, 60, 66).

[6] In der romanistischen Forschungsliteratur wird bezüglich des Spanischen und Portugiesischen der im Präsens Indikativ im Auslaut befindliche Vokal überwiegend nicht als Konjugationsaffix, sondern als thematischer Stammvokal bzw. Stammerweiterung betrachtet (vgl. Barme 2001, 52, Fußn. 108; Schpak-Dolt 1999, 50).

Demgegenüber erfolgt die Explizierung *äußerer, relationeller* Funktionen (Funktionen im Satz), wie beispielsweise der verschiedenen Kasus im Nominalbereich, der *zusammen-gesetzten* (periphrastischen) Tempora und des Passivs, *syntagmatisch* (d.h. auf der Ebene der Wortgruppe (des Syntagmas)):

	Italienisch:	Spanisch:
Kasus:	*la casa dello scrittore*	*el coche de mi mujer*
zus. Tempora:	*ho cantato, avevo cantato...*	*he cantado, había cantado...*
Passiv:	*sono amato, ero amato...*	*soy amado, era amado...*

Das Französische nimmt unter den romanischen Sprachen eine Sonderstellung ein, da es dieses funktionelle romanische Prinzip (paradigmatischer Ausdruck innerer, nicht-rela-tioneller Funktionen vs. syntagmatische Bestimmung äußerer, relationeller Funktionen) während der Epoche des Mittelfranzösischen bzw. beim Übergang vom Mittel- zum Neu-französischen weitgehend aufgegeben hat und es zu einer Reduktion der paradigmatischen Verfahren bei gleichzeitiger Zunahme der syntagmatischen Ausdrucksstrategien gekommen ist. Das typologische Prinzip, das im modernen Französisch dominiert, besteht demnach in der Bestimmung der grammatischen Funktionen auf der Ebene der Wortgruppe (vgl. Geckeler/Dietrich 2003, 207) – auch dies zeigt sich wieder vor allem in der gesprochenen Sprache:

Numerus: Aufgrund des Verstummens des auslautenden *-s* kann der Plural im phonischen Code i.d.R. nicht mehr paradigmatisch, d.h. am Wort selbst, ausgedrückt werden, sondern nur noch syntagmatisch durch dem Nomen vorangestellte Artikel, Demonstrativpronomen etc.:[7]

la maison [la mɛzõ] vs. *les maisons* [le mɛzõ][8]

Betrachten wir hierzu auch das folgende Beispiel (vgl. Blanche-Benveniste 2003, 329):

la même jolie petite maison bretonne ancienne
les mêmes jolies petites maisons bretonnes anciennes

Während in der Schriftsprache jedes einzelne Element eine Pluralmarkierung aufweist, wird diese im phonischen Code einzig und allein durch den der Wortgruppe vorangehenden Artikel zum Ausdruck gebracht (ib.):

[la] / [le] [mɛm ʒɔli pətit mɛzõ brətən ãsjɛn]

Genus: Im modernen Französisch weisen die meisten Adjektive im phonischen Code keine Genusmarkierung auf. Eine Auszählung von Blanche-Benveniste (2003, 328) ergab, dass unter 10 000 Adjektiven im *Petit Robert* von 1993 65% davon betroffen sind. Die lautliche „Gleichschaltung" der maskulinen und femininen Formen ist in erster Linie auf das Ver-

---

[7] Dies ist die traditionelle Position bezüglich der Diachronie dieser Entwicklung (vgl. Gecke-ler/Dietrich 2003, 208).

[8] Das nasale /o/ wird in der galloromanistischen Forschungsliteratur teilweise offen, teilweise ge-schlossen transkribiert (vgl. Meisenburg/Selig 1998, 65, Fußn. 38).

stummen des auslautenden -e zurückzuführen. Daher gilt auch für die Explizierung der Kategorie *Genus*, dass diese im gesprochenen Gegenwartsfranzösisch in zahlreichen Fällen nur noch syntagmatisch erfolgen kann:

un *ami cher* [œ̃n ami ʃɛːʁ] vs. **une** *amie chère* [yn ami ʃɛːʁ]

Allerdings gibt es im Französischen auch Wortfolgen bzw. ganze Sätze, die keine akustische Determinierung des Genus erlauben:

cet Espagnol bien élevé – cette Espagnole bien élevée
votre ami est célèbre – votre amie est célèbre

Person: Das Mittelfranzösische ist auch durch ein weitgehendes Verstummen der Konjugationsendungen gekennzeichnet, das Hand in Hand mit einem häufigeren Gebrauch der Subjektpersonalpronomina geht. Da die Generalisierung dieser Pronomina in mittelfranzösischer Zeit aber schon weit vorangeschritten ist, wird im Allgemeinen davon ausgegangen, dass zwischen der Aufgabe der Artikulation der (meisten) Flexionsendungen und der „Expansion" der Subjektpersonalpronomina kein direkter Kausalzusammenhang besteht (vgl. Geckeler/Dietrich 2003, 208). Wie an dem oben aufgeführten Konjugationsparadigma von *chanter* im Präsens Indikativ zu sehen ist, wird im gesprochenen Gegenwartsfranzösisch der Ausdruck der Kategorie *Person* überwiegend syntagmatisch vorgenommen: [ʒ(ə) ʃɑ̃t], [ty ʃɑ̃t], [i(l) ʃɑ̃t] usw., lediglich die 1. und 2. Person Plural verfügen noch über distinkte Konjugatiossuffixe ([nu ʃɑ̃tõ], [vu ʃɑ̃te]), wobei jedoch zu betonen ist, dass im gesprochenen Französisch die 1. Person Plural überwiegend durch die Verbindung *on* + Verbalform der 3. Person Singular realisiert wird (*on chante* [ʃɑ̃t]).

Es ist immer wieder kritisiert worden, dass die hier referierten typologischen Ansätze mit ihrer Annahme einer typologischen Einheitlichkeit und Zielgerichtetheit (Teleologie) allzu simplizistisch seien und dass in der Regel vielmehr von einem Nebeneinander unterschiedlicher typologischer Verfahren auszugehen sei (vgl. Hunnius 2008, 2426). Zwar gibt es durchaus Sprachen, die weitestgehend synthetisch strukturiert sind (wie z.B. das Sanskrit), und auch solche, die nahezu gänzlich analytisch „funktionieren" (wie etwa die romanischen Kreolsprachen), doch im Allgemeinen sind Sprachen nicht durch typologische Konsistenz und Teleologie gekennzeichnet, sondern vielmehr durch typologische Heterogenität (ib., 2426f.):

In Wahrheit steckt in der morphologischen Entwicklung vom Altgriechischen zum Neugriechischen und vom Lateinischen zum Romanischen keine Teleologie, und die Sprachgeschichte hat ebenso wenig eine klare Richtung wie die Menschheitsgeschichte. Nie gehörten die klassischen Sprachen Europas ausschließlich dem synthetischen Typ an, immer gab es auch analytische Elemente, und die aus ihnen hervorgegangenen Tochtersprachen, das Neugriechische auf der einen Seite und das Dutzend romanischer Sprachen auf der anderen Seite, sind keineswegs völlig zum analytischen Typ übergegangen, sondern es gibt noch zahlreiche Reminiszenzen synthetischer Art. So kommt man der Wahrheit wohl am nächsten, wenn man mit Charles Bally […] von einer „tendance synthetique" in den antiken Sprachen ausgeht, die in den Tochtersprachen in eine „tendance analytique" umgeschlagen sei. (Kramer 2004, 145)

Das gesprochene Französisch weist zwar, wie wir gesehen haben, ein hohes Maß an Analytismus auf, doch gleichzeitig gibt es – ebenso wie im geschriebenen Französisch – nach wie vor auch synthetische Elemente (Tempus-Modus-Suffixe bei den einfachen Tempora, Suffixbildungen im Adverbialbereich (*honnêtement*), Präfigierungen (z.B. *revoir*), unterschiedliche Serien von Pronomina usw.) (vgl. Geckeler 1989, 182f.). Was nun die These der besonderen Affinität des gesprochenen Französisch zur Prädetermination anbelangt (s.o.), so ist auch diese im Kern zutreffend, doch darf nicht übersehen werden, dass sich in jüngerer Zeit im (gesprochenen) Französischen Entwicklungen vollzogen haben, die dieser Ausrichtung widersprechen. So ist im *français parlé* sowohl im Bereich der verbalen Negation als auch bei der Wortfrage eine stark ausgeprägte Neigung zu postdeterminierenden Strukturen zu diagnostizieren: *je sais* **pas**; *tu viens* **quand**? (vgl. Barme 2011, 49f.). Unter dem Rubrum *Postdetermination* sind darüber hinaus auch die beiden folgenden Phänomene einzuordnen, die vornehmlich das gesprochene Französisch kennzeichnen (ib., 38, 50):

a) die sich enormer Popularität erfreuende *Resuffigierung* (s.u. 6.2.3), bei der es sich ebenfalls um eine jüngere Entwicklung handelt:[9] *apér-o* (< *apéritif*), *prol-o* (< *prolétaire*), *dic-o* (< *dictionnaire*), *intell-o* (< *intellectuel*), *mécan-o* (< *mécanicien*);

b) die vor allem im *français familier* sehr beliebten Suffigierungen zur Bildung von Diminutiven (*-et(te)*, *-ot(te)*) und Nomina agentis (*-ard(e)*: *motard* 'Motorradfahrer'; *veinard* 'Glückspilz') (vgl. Stein 2005, 187).

Das von Coseriu postulierte funktionelle romanische Prinzip ist – wie Kramer (2004) hervorhebt – „letztlich ahistorisch" und „viel zu spekulativ-schematisch, um wirklich stimmen zu können" (ib., 145). Es kommt hinzu, dass bereits die Pronominalsysteme der romanischen Sprachen Coserius Typologie als holzschnittartig entlarven, denn der Ausdruck der äußeren, relationellen Funktion *Kasus* ist zwar im Nominalbereich syntagmatisch gestaltet (s.o.), doch im Pronominalbereich überwiegt eindeutig die paradigmatische Markierung. Man vergleiche hierzu etwa die folgenden Formen:

	Nominativ:	Dativ:	Akkusativ:
Französisch:	*il / elle*	*lui*	*le / la*
Italienisch:	*lui / lei*	*gli / le*	*lo / la*
Portugiesisch:	*ele / ela*	*lhe*	*o / a*
Spanisch:	*él / ella*	*le*	*lo / la*

Kontrastiert man das *français parlé* und das *français écrit* aus sprachtypologischer Perspektive, dann kann dem gesprochenen Französisch unterm Strich durchaus eine stärkere Neigung zu analytischen/syntagmatischen bzw. analytisch-prädeterminierenden Ausdrucksverfahren bescheinigt werden (s.o.). Das Konzept des *français avancé* stützen die betreffenden Phänomene (Personenmarkierung im Verbalbereich, Numerus- und Genusmarkierung im Nominalbereich etc.) jedoch nicht, da es sich eben nicht um junge, erst vor kurzer Zeit entstandene Entwicklungen handelt (vgl. Hunnius 2008, 2425; siehe hierzu auch oben 2.2), sondern um Erscheinungen, die sich bereits im Mittelfranzösischen bzw. während des

---

[9] Dieses Verfahren bildet sich Ende des 19./Anfang des 20. Jh. im Französischen heraus (vgl. Marchello-Nizia 2003, 81).

Übergangs vom Alt- zum Mittelfranzösischen herausgebildet haben. Ob es sich dabei um „zukunftsträchtige" Tendenzen handelt, lässt sich nicht vorhersagen, denn es gibt im gesprochenen Französisch auch – wie wir oben an konkreten Beispielen gesehen haben – gegenläufige Entwicklungen.

Aufgaben

1. Lesen Sie in Eckert (1986) die Abschnitte über die Entwicklung der Numerus- und Personalmarkierung vom Altfranzösischen bis zum Neufranzösischen.
2. Informieren Sie sich über neuere Entwicklungen in der Lexik und Grammatik des hexagonalen Französisch (z.B. bei Marchello-Nizia (2003, 79–85) und Walter (2007, 316–319)).
3. Diskutieren Sie die Frage, ob Sprachwandel ein Ziel hat.
4. Inwiefern zeigt gerade das gesprochene Französisch, dass zwischen genetischer und typologischer Verwandtschaft zu differenzieren ist?
5. Lesen Sie Haarmann (2006, 43–49). Welche Schwachpunkte weist die traditionelle Sprachtypologie auf?

3. Neue Wege in der Erforschung und Beschreibung gesprochener Sprache: *Interaktionale Linguistik* und *Konstruktionsgrammatik*

In den 1990er Jahren sind zahlreiche Arbeiten erschienen, die an der Schnittstelle zwischen Linguistik und Konversationsanalyse anzusiedeln sind und dabei vor allem das Zusammenspiel von Prosodie und Interaktion sowie von Grammatik und Interaktion zum Thema haben (vgl. Selting/Couper-Kuhlen 2000, 77). Diese interdisziplinäre Forschungsrichtung, die in Deutschland und in Frankreich überwiegend als *Interaktionale Linguistik* bzw. *linguistique interactionnelle* bezeichnet wird und neben Prosodie und Syntax auch Phonetik, Phonologie, Morphologie, Lexik, Semantik und Pragmatik einschließt, interessiert sich für Sprache im konkreten Verwendungskontext, d.h. in der sozialen Interaktion zwischen Kommunikationspartnern (vgl. Selting/Couper-Kuhlen 2000, 77f.; Gülich/Mondada 2008, 25). Dabei wird insbesondere davon ausgegangen, dass Sprachstrukturen ein Produkt der Interaktion sind, Grammatik also laufend in der aktuellen Kommunikationssituation erzeugt wird (vgl. Selting/Couper-Kuhlen 2000, 90; Imo 2007, 36). Diese interaktionskonstruktivistische Perspektive auf Grammatik kennzeichnet nicht nur die Interaktionale Linguistik, sondern wird – allerdings in unterschiedlichem Maße – von einer ganzen Reihe unterschiedlicher Forschungsrichtungen bzw. -disziplinen geteilt: Konversationsanalyse, Gesprochene-Sprache-Forschung, Funktionale Pragmatik sowie die gebrauchsbasierten Varianten der Konstruktionsgrammatik (vgl. Günthner 2007, 3). Sie alle eint die Überzeugung, „dass Grammatik, grammatische Regelhaftigkeit und grammatische Muster im Sprachgebrauch konstruiert, verfestigt und auch wieder modifiziert werden, d.h. dass sich das sprachliche System aus der Performanz entwickelt" (ib., 2f.), Grammatik also ein Epiphänomen der Interaktion ist („Grammatik ist geronnener Diskurs"; Haspelmath 2002, 270).[1] Diese Sichtweise entspricht weitgehend der bereits vor ca. 30 Jahren von Peter Hartmann eingeforderten „realistischen Sprachwissenschaft", die sprachliche Erscheinungen auf der Grundlage ihrer konkreten Verwendung untersucht und dabei *alle* kontextuellen Faktoren berücksichtigt, die deren Auftreten erklären können (vgl. Günthner 2007, 3). Diese Ansätze unterscheiden sich somit deutlich von der generativistischen Linguistik, die ja bekanntlich davon ausgeht, dass die Sprachstrukturen auf einer angeborenen Universalgrammatik basieren und autonom sind. Während Generativisten also die (sprachliche) Kompetenz (die *i-language*) losgelöst vom konkreten Sprachgebrauch, der Performanz (*e-language*) betrachten (ib.), gehen die Anhänger der interaktionskonstruktivistischen Perspektive davon aus, dass „interaction is, as seems apparent, the primordial site of language" (Schegloff zit. bei Günthner 2007, 4). Eine solche Sichtweise ist *in nuce* schon bei Wilhelm von Humboldt

---

[1] Für dieses beständige Fluktuieren der Grammatik, das Konstruktion, Sedimentierung und Auflösung umfasst, wurde von Hopper (1998) der Begriff *emergent grammar* eingeführt. Diese *Emergenz* ist eines der zentralen Konzepte der gebrauchsorientierten Ansätze innerhalb der Konstruktionsgrammatik (vgl. etwa Imo 2007, 36), wobei der Begriff im Rahmen dieser Grammatiktheorie jedoch teilweise unterschiedlich verwendet wird (vgl. Traugott 2008, 9).

und seiner Gegenüberstellung von Sprache als *ergon* (Sprache als Werk von Wörtern und Regeln) und *energeia* (Sprache als lebendige Tätigkeit) anzutreffen, worauf in der einschlägigen Literatur jedoch nicht hingewiesen wird. Humboldt spricht sich in seinem sprachphilosophischen Hauptwerk, der Einleitung zum Kawi-Werk („Über die Verschiedenheit des menschlichen Sprachbaues und ihren Einfluss auf die geistige Entwicklung des Menschengeschlechts"), dezidiert gegen eine Reduktion von Sprache auf Wörter und Regeln aus und betont die vorrangige Bedeutung der die Sprache konstituierenden *aktuellen Rede*:

> Die Sprache in ihrem wirklichen Wesen aufgefaßt, ist etwas beständig und in jedem Augenblicke Vorübergehendes. Selbst ihre Erhaltung durch die Schrift ist immer nur eine unvollständige, mumienartige Aufbewahrung, die es doch erst wieder bedarf, daß man dabei den lebendigen Vortrag zu versinnlichen sucht. [...] Denn in dem zerstreuten Chaos von Wörtern und Regeln, welches wir wohl eine Sprache zu nennen pflegen, ist nur das durch jenes Sprechen hervorgebrachte einzelne vorhanden und dies niemals vollständig, auch erst einer neuen Arbeit bedürftig, um daraus die Art des lebendigen Sprechens zu erkennen und ein wahres Bild der lebendigen Sprache zu geben. Gerade das Höchste und Feinste läßt sich an jenen getrennten Elementen nicht erkennen und kann nur (was um so mehr beweist, daß die eigentliche Sprache in dem Akte ihres wirklichen Hervorbringens liegt) in der verbundenen Rede wahrgenommen oder geahndet werden. Nur sie muß man sich überhaupt in allen Untersuchungen, welche in die lebendige Wesenheit der Sprache eindringen sollen, immer als das Wahre und Erste denken. Das Zerschlagen in Wörter und Regeln ist nur ein totes Machwerk wissenschaftlicher Zergliederung.
> (Wilhelm von Humboldt, *Über die Verschiedenheit des menschlichen Sprachbaues*, 36f.)

Eine *radikale* interaktionskonstruktivistische Sicht, die Grammatik „auf ein rein lokales, durch die Interaktion geformtes Phänomen" (Günthner 2007, 4) reduziert, ist jedoch zurückzuweisen, da dies – wie Günthner (ib.) mit Recht betont – die Negierung einer reflexiven Beziehung zwischen Grammatik und Interaktion implizieren würde:

> Grammatik scheint zumindest nicht beliebig aushandelbar, wir erfinden grammatische Strukturen nicht bei jedem Gespräch neu. Vielmehr weist Grammatik Regelhaftigkeiten auf, die intersubjektiv verfestigt („geronnen") sind und von Mitgliedern einer Gemeinschaft mehr oder weniger stark geteilt werden und die letztendlich einen gewissen Zwang ausüben. Weichen wir davon ab, so sind unsere Äußerungen markiert (als Äußerungen eines Nicht-Muttersprachlers, als Regionalismen, als Zeichen des kreativen Umgangs mit Sprache, als Konzentrationsschwächen...). Den Zwängen der Grammatik können wir also nicht einfach individuell im lokalen Verlauf der Interaktion entkommen, ohne dass unser Gegenüber diese Abweichungen interpretieren würde [...] (Günthner 2007, 5)

Grammatik existiert nicht ausschließlich in der aktuellen Rede, wo sie stets aufs Neue erschaffen wird, sondern sie weist auch ein „institutionelles" Moment auf (vgl. Günthner 2007, 5f.). Die Mitglieder einer Sprachgemeinschaft verfügen über ein Wissen, das sich aus zahllosen vorangegangenen kommunikativen Handlungen speist und auf das die Sprecher sowohl bei der Produktion als auch bei der Rezeption von Sprache zurückgreifen (ib.). Grammatik liegt weder als vom aktuellen Gebrauch unabhängiges System vor (generativistische Sicht) noch wird sie *in toto* ständig neu in der Interaktion geschaffen (radikal interaktionskonstruktivistische Perspektive), sondern vielmehr bedingen sich Interaktion und Grammatik wechselseitig (vgl. Deppermann et al. 2006b, 6), es besteht ein dialektisches

Verhältnis zwischen dem grammatischen Wissen der Sprecher einerseits und der „Aktualisierung, Sedimentierung und Veränderung dieser Wissensstrukturen im Gebrauch" (Günthner 2007, 6). Im Rahmen der Sprachverwendung können sich also durchaus auch neue Muster herausbilden, die dann wiederum institutionalisiert werden. Diesem Wandelprozess, dem die Grammatik unterliegt und der aus der Interaktion resultiert, sind jedoch insofern Grenzen gesetzt, als die Sprecher freilich „nicht einfach im Gespräch eine neue Grammatik ins Leben rufen [können]" (ib.).

Aus forschungsgeschichtlicher Sicht ist zu betonen, dass auch diese Erkenntnisse keineswegs neu sind. Dass eine adäquate Erfassung der menschlichen Sprache sowohl deren „institutionellen" Charakter (das Regelhafte, das vorgeformte Materielle) als auch den kreativen interaktiven Aspekt zu berücksichtigen hat, wurde schon zu Beginn des 19. Jh. von Wilhelm von Humboldt gesehen, der hervorhebt, dass Sprache zwar als „tote Masse" von Wörtern und Regeln schon vor dem Akt der Rede vorliegt, sie aber erst im sinnlichen Akt des Sprechens aktualisiert wird und umgestaltet, neu bestimmt werden kann (wobei letzterer Aspekt nach Humboldt von größerer Bedeutung ist; s.o.):

> Da jede [Sprache; S.B.] schon einen Stoff von früheren Geschlechtern aus uns unbekannter Vorzeit empfangen hat, so ist die [...] den Gedankenausdruck hervorbringende geistige Tätigkeit immer zugleich auf etwas schon Gegebenes gerichtet, nicht rein erzeugend, sondern umgestaltend. [...] Die einmal fest geformten Elemente bilden zwar eine gewissermaßen tote Masse, diese Masse trägt aber den lebendigen Keim nie endender Bestimmbarkeit in sich.
> (Wilhelm von Humboldt, *Über die Verschiedenheit des menschlichen Sprachbaues*, 38, 55)

Da die gegenwärtig in der Linguistik tonangebenden Grammatiktheorien essentielle Merkmale der Sprechsprache (wie z.B. ihre Medialität, Dialogizität, Handlungsbezogenheit, die Linearität ihrer zeitlichen Produktion („on-line-Syntax" (Auer 2000) usw.) weitestgehend unberücksichtigt lassen, ist in den vergangenen Jahren in zahlreichen (v.a. germanistischen) Arbeiten zur Interaktionalen Linguistik die Notwendigkeit einer Grammatiktheorie betont worden, die den besonderen interaktiven und multimodalen Eigenschaften der gesprochenen Sprache gerecht werden kann (vgl. etwa Günthner 2007, 1f.; Deppermann 2006, 44ff.; Hennig 2006, 48). Nach Günthner (2007, 7–12) müsste eine solche praxisorientierte Grammatiktheorie der gesprochenen Sprache sowohl dem Konzept der interaktionalen Konstruktion als auch dem „institutionellen" Charakter sprachlicher Strukturen gerecht werden und daher folgende Anforderungen erfüllen:

1. Sie müsste auf einem Grammatikkonzept beruhen, das *gebrauchsbasiert* ist, d.h. ein solcher Ansatz müsste auf „die Analyse sprachlicher Strukturen in ihrer tatsächlichen, kontextbezogenen und lebensweltlich verankerten Verwendung" (ib., 8) abzielen und dabei verbale, prosodische, gestisch-mimische und interaktiv-sequentielle Verfahren, die zur kontextbezogenen Bedeutungskonstitution führen, berücksichtigen (ib., 7f.).

2. Sie hätte zu berücksichtigen, dass grammatische Strukturen nicht homogen, ahistorisch und statisch sind, sondern *Orientierungsmuster* sowohl für die Produktion als auch für die Rezeption von Äußerungen darstellen (ib., 8).

3. Sie müsste der Tatsache Rechnung tragen, dass grammatische Formen der *Bewältigung interaktiver Aufgaben* dienen und daher nur im Kontext dieser Handlungen beschrieben werden können (ib., 8).

4. Sie hätte die *Medialität* sprachlicher Äußerungen zu berücksichtigen: Während die traditionelle Grammatikschreibung von einer vom Realisierungsmodus unabhängigen sprachlich-grammatischen Kompetenz der Sprecher ausgeht, dürfte eine praxisorientierte Grammatiktheorie gesprochene Sprache nicht durch die Brille der geschriebenen Sprache wahrnehmen, sondern müsste die Besonderheiten mündlicher Kommunikation einbeziehen (ib., 9).

5. Anstatt grammatische Strukturen, Sätze etc. als fertige Produkte zu betrachten, müsste eine interaktionale Grammatiktheorie sprechsprachliche Sprachstrukturen in ihrer *prozessualen Emergenz und zeitlichen Linearität*, d.h. „in der Echtzeit ihrer Produktion und Interpretation" analysieren (ib., 10).

6. Sie hätte den *dialogischen Charakter* gesprochener Sprache und die damit einhergehende *Orientierung am Gesprächspartner* zu berücksichtigen. Wie Arbeiten zur Syntax in Dialogen gezeigt haben, erfolgt die Produktion von Äußerungen in Abhängigkeit von der verbalen und non-verbalen Rezipienz des Kommunikationspartners (ib., 11).

7. Eine solche Grammatiktheorie müsste nach den *kognitiven Faktoren*, denen die Produktion und Rezeption von Sprache unterliegt, fragen (ib., 11).

8. Schließlich müsste auch das Faktum zur Kenntnis genommen werden, dass die Sprecher sich in der alltagssprachlichen mündlichen Kommunikation, die i.d.R. unter einem großen Zeit- und Handlungsdruck realisiert wird, in hohem Maße auf *rekurrente, verfestigte Sprachmuster* (konstruktionelle Schemata) stützen (ib., 12).

Bei der Suche nach einer Grammatiktheorie, die praxisorientiert ist und sich für die Beschreibung gesprochener Sprache eignet, wurde in den letzten Jahren von mehreren Autoren auf die *Konstruktionsgrammatik* verwiesen und deren Adäquatheit diskutiert bzw. erprobt (vgl. Deppermann 2006; Hennig 2006; Imo 2007; Günthner 2007). Der Bezeichnung *Konstruktionsgrammatik* werden in der Literatur unterschiedliche grammatiktheoretische Konzeptionen zugeordnet, die sich seit den 1980er Jahren herausgebildet haben und die hinsichtlich ihrer zentralen Annahmen, insbesondere bezüglich der für die Interaktionale Linguistik relevanten Gesichtspunkte, konvergieren (vgl. Deppermann 2006, 47f.). Die vier Grundannahmen, die alle aktuellen Varianten der Konstruktionsgrammatik kennzeichnen, lauten:

- die Struktur einer Sprache kann erschöpfend in Form von sprachlichen Zeichen beschrieben werden, also von Form-Bedeutungspaaren, die als „Konstruktionen" bezeichnet werden. Daraus folgt, dass Lexikon und Grammatik ein Kontinuum darstellen;
- diese Zeichen stehen zueinander in systematisch beschreibbaren Verhältnissen, d.h., sie bilden ein strukturiertes Inventar;
- Grammatik ist nicht modular und nicht derivationell;
- es gibt kein sprachspezifisches angeborenes Wissen.

(Fischer/Stefanowitsch 2008, 4f.)

Die Konstruktionsgrammatik versteht ihre Basiseinheit *Konstruktion* jedoch keineswegs nur syntaktisch, sondern vielmehr umfasst der Begriff Einheiten vom Morphem bis hin zu bestimmten syntaktischen Konstruktionsmustern bzw. -relationen, wie etwa die ditransitivische Struktur (N V Obj1 Obj2, wie z.B. in: *ich schenke dir das Buch*)[2] (vgl. Deppermann 2006, 49; Goldberg 2003, 219), und in einzelnen neueren Arbeiten (wie beispielsweise Marandin 2006) werden auch bestimmte Intonationskonturen als Konstruktionen eingestuft.

Im Gegensatz zur generativistischen Grammatiktheorie betrachtet die Konstruktionsgrammatik syntaktische Strukturen nicht als Erzeugnisse maximal universaler (angeborener) Regeln, sondern versteht sie vielmehr als Konstruktionen, die in jeweils unterschiedlichem Maße allgemein, d.h. schematisch sind (vgl. Deppermann 2006, 48). Im Hinblick auf die Fixiertheit der Formen werden die folgenden Konstruktionstypen unterschieden (ib., 48f.):

a) *Lexikalisch vollständig spezifizierte Konstruktionen* sind lexikalisch fixierte Phraseologismen, wie etwa dt. [oh Gott], [zum Wohl], [ins Gras beißen], [einen drauf machen] usw.

b) Bei *lexikalisch teilspezifizierten Konstruktionen* sind nur bestimmte Konstituenten lexikalisch fixiert, während andere mehr oder weniger stark an Wortklassen oder semantische Klassen gebunden sind. Lexikalisch teilspezifizierte Konstruktionen unterliegen oftmals besonderen idiosynkratischen Restriktionen. So fordert etwa die deutsche Konstruktion [*typisch* N], dass die fixe adjektivische Konstituente *typisch* nicht flektiert wird und sich auf ein artikelloses Substantiv oder einen Eigennamen bezieht, z.B. [typisch Klaus].

c) *Vollständig schematisierte Konstruktionen* besitzen weder eine phonologische noch eine lexikalische Definition. Das klassische Beispiel ist die ditransitive Konstruktion (s.o.).

In zahlreichen Arbeiten zum Themenkreis „Grammatik und Interaktion" wird hervorgehoben, dass die Konstruktionsgrammatik eine ganze Reihe von Eigenschaften aufweist, die mit dem Ansatz der Interaktionalen Linguistik konvergieren. Als wichtigste sind zu nennen (vgl. Günthner 2007, 12; Deppermann 2006, 49):

– Die Konstruktionsgrammatik ist eine nicht-derivationelle und integrative (d.h. alle Ebenen der sprachlichen Strukturierung berücksichtigende) Grammatiktheorie, die von einem Zusammenspiel syntaktischer, prosodischer, lexikalisch-semantischer, pragmatischer, sequentieller und auch gestischer Elemente ausgeht.
– Sie ist funktional ausgerichtet und handlungsbasiert, d.h. alle sprachlichen Formen werden grundsätzlich im Zusammenhang mit ihrer Funktion und ihrer Einbettung in einen Handlungskontext analysiert.
– Periphere grammatische Strukturen werden nicht, wie etwa in der Generativistik, als Randphänomene abgetan, sondern werden sogar ins Zentrum der theoretischen Überlegungen gerückt.

---

[2] „Constructions are stored pairings of form and function, including morphemes, words, idioms, partially lexically filled and fully general linguistic patterns" (Goldberg 2003, 219).

– In der Konstruktionsgrammatik wird nicht davon ausgegangen, dass die Syntax aus atomaren Einheiten aufgebaut ist, sondern vielmehr nimmt man an, dass die Sprecher syntaktische Ganzheiten (Konstruktionen) lernen. Abstrakte grammatische Kategorien, wie beispielsweise Wortarten, gelten nicht als Bausteine für Konstruktionen, sondern als Abstraktionen aus konkreten Konstruktionen.
– Konstruktionen sind stets in ihrer Beziehung zu vorher geäußerten Wörtern, Syntagmen und Sätzen, mit denen sie ein konstruktionales Netzwerk bilden, zu betrachten.

Neben diesen Konvergenzen bestehen jedoch auch eine Reihe von Divergenzen zwischen Konstruktionsgrammatik und Interaktionaler Linguistik (vgl. hierzu etwa Günthner 2007). Dabei handelt es sich vor allem um Annahmen bzw. Grundpositionen der Konstruktionsgrammatik, die aufgrund von Forschungsergebnissen der Interaktionalen Linguistik als nicht mehr haltbar bzw. nicht zielführend einzustufen sind. Im Rahmen einer Verbindung der beiden Forschungsrichtungen mit dem Ziel einer adäquaten Modellierung gesprochener Sprache müssten daher auf Seiten der Konstruktionsgrammatik entsprechende Korrekturen bzw. Modifizierungen vorgenommen werden (vgl. Günthner 2007). So geht die Konstruktionsgrammatik beispielsweise in ihren Analysen nicht über die traditionelle Satzgrenze hinaus und betrachtet Konstruktionen als „fertige, monologisch-erzeugte Produkte des Sprechers" (Günthner 2007, 13), d.h. die lokale Rezeption durch den Kommunikationspartner erfährt keine Berücksichtigung, obwohl interaktional ausgerichtete Arbeiten zeigen, dass die Sprecher sich bei der Produktion von Konstruktionen auch an dem Wissen und den Reaktionen des Gesprächspartners orientieren (vgl. Günthner 2007, 13f.). Ferner werden Konstruktionen in der Konstruktionsgrammatik i.d.R. als „stabile, homogene und dekontextualisierte Einheiten" (Günthner 2007, 14) gesehen, während interaktional-linguistische Studien verdeutlichen, dass Konstruktionen keineswegs starre „Fertigprodukte" darstellen, die im konkreten Kommunikationskontext aktualisiert werden, sondern Orientierungsmuster „deren Instantiierung eine gewisse Flexibilität und Dynamik aufweist" (Günthner 2007, 15), was sich etwa in Hybridbildungen und Amalgamisierungen zeigt (ib., 14). Andererseits würde aber auch die Interaktionale Linguistik von einer Verbindung mit der Konstruktionsgrammatik profitieren, denn letztere stellt einen theoretischen Rahmen bereit, um syntaktische Muster als Teile größerer Konstruktionsnetzwerke zu beschreiben und so bestimmte Vagheiten, Ambiguitäten, Hybridbildungen usw. erklären zu können (vgl. Günthner 2007, 15). Schließlich trägt die Konstruktionsgrammatik aber auch insofern zu einem umfassenderen Verständnis des Funktionierens gesprochener Sprache bei als sie auch *kognitive* Faktoren ins Visier nimmt. So kann etwa der Umstand, dass eine erfolgreiche mündliche Kommunikation selbst unter sehr hohem Zeit- und Handlungsdruck möglich ist, von der Konstruktionsgrammatik durch den Hinweis erklärt werden, dass auch komplex erscheinende Syntaxstrukturen in mehr oder weniger starkem Maße als Muster verfestigt sind (ib., 15).

Nach diesem Überblick über die Interaktionale Linguistik und die Konstruktionsgrammatik wollen wir uns nun anhand eines syntaktischen Beispiels ansehen, wie besondere Strukturen des gesprochenen Französisch sich durch die Verknüpfung beider Ansätze erfassen lassen. Im Gegenwartsfranzösischen erfreut sich die folgende Konstruktion, die ursprünglich aus der Sprechsprache stammt, aber inzwischen auch in der Schriftsprache begegnet, großer Beliebtheit: *question mécanique..., question boulot...* im Sinne von: *en ce qui concerne la mécanique/le boulot...* Aus Sicht der Interaktionalen Linguistik ist davon auszugehen, dass die Konstruktion *en ce qui concerne la mécanique* in der oftmals unter erhöhtem Zeitdruck ablaufenden dialogischen mündlichen Kommunikation als zu aufwendig empfunden wurde und die Sprecher danach strebten, sie durch eine knappe Versprachlichung zu ersetzen. Weitaus wahrscheinlicher als eine kompositionale Generierung der kürzeren Struktur (*question mécanique*) aus atomaren Elementen ist die sich aus interaktionaler und konstruktionsgrammatischer Perspektive anbietende Erklärung, dass die Konstruktion als Hybridbildung aus den Strukturen *en ce qui concerne la question de la (du)...* bzw. *concernant la question de la (du)...* sowie der Voranstellungsstruktur des *Freien Themas* (s.u. 5.3.3) hervorgegangen ist:

Freies Thema:

votre sucre, on dirait de la neige
(Stark 2008, 314)

Les soirées à l'opéra, je connais.
(Stark 1997, 8)

question-Konstruktion:

question mécanique, je crois que...
question boulot, je pense que...

Der innerstrukturelle Aufbau der *question*-Konstruktion folgt der im modernen Französisch stark ausgeprägten Tendenz zur asyndetischen Nominalreihung [N + N], siehe etwa: *l'année Picasso, le menu enfants, le côté mer, un livre événement* (vgl. Marchello-Nizia 2003, 80). Die Konstruktion des Typs *question* + N würde sich demzufolge als Hybridbildung aus zwei syntaktischen (a und b) und einer diskurspragmatischen Konstruktion (c) „speisen":[3]

a) *en ce qui concerne la question de la (du).../concernant la question de la (du)...*
b) asyndetische Nominalreihung [N + N]
c) freies Thema

Wie groß das Potential eines Ansatzes, der die Interaktionale Linguistik mit der gebrauchsorientierten Konstruktionsgrammatik verbindet, in Bezug auf die Erklärung und theoretische Erfassung sprechsprachlicher Strukturen des Französischen (und anderer (romanischer) Sprachen) tatsächlich ist, werden zukünftige Studien zeigen. Bislang hat die Konstruktionsgrammatik in der romanischen Sprachwissenschaft allerdings noch nicht Fuß fassen können. Dass rein kompositionelle bzw. systemlinguistische Ansätze jedenfalls keine adäquate Beschreibung menschlicher Sprache ermöglichen, zeigt sich besonders deutlich an

---

[3]   Vgl. hierzu Haspelmath (2002, 268): „Grammatische Konstruktionen entstehen aus losen Diskursverbindungen oder aus umständlicheren, komplexeren Konstruktionen".

einer eigentümlichen Versprachlichung des Französischen. Das sog. *français branché*[4] zeigt die Tendenz, beim verneinten Imperativ auf jegliche Negationspartikel zu verzichten, wie z.B. in *t'inquiète* für *(ne) t'inquiète pas* (vgl. Krassin 1994, 18, Fußn. 29). Wir haben es hier also mit einer Konstruktion zu tun, die kompositionell bzw. oberflächenstrukturell betrachtet in einem affirmativen Gewand daherkommt, jedoch als das Gegenteil, nämlich als Negation, seitens des Sprechers intendiert ist und auch genau so vom Rezipienten dekodiert wird. Ein Parallelfall begegnet auch in der phonischen Nähesprache des europäischen Portugiesisch, da hier in bestimmten Kontexten, beispielsweise wenn A versehentlich B auf den Fuß tritt, recht häufig von B zu hören ist: *faz* [fa (!)] *mal* (wörtlich: „das macht schlimm" i.S.v. „das ist schlimm", „das stört mich") anstelle von *não faz mal* („(das) macht nichts", „kein Problem"). Bei dem oben präsentierten Ausdrucksverfahren des Französischen handelt es sich also durchaus nicht um ein extrem „exotisches" bzw. spezifisch französisches Ausnahmephänomen.

Aufgaben

1. Lesen Sie den Artikel von Goldberg (2003). Welche Gemeinsamkeiten und Unterschiede bestehen zwischen der Generativen Grammatik und der Konstruktionsgrammatik?
2. Lesen Sie das Kapitel „Geschriebene und gesprochene Sprache" in Crystal (1995, 178–181). Mit welchen Argumenten könnte man die Position vertreten, dass der gesprochenen Sprache als linguistischem Forschungsgegenstand Priorität vor der geschriebenen Sprache zukommt? Welche Argumente lassen sich für die Gegenposition anführen?
3. Suchen Sie Beispiele für lexikalisch vollständig spezifizierte und lexikalisch teilspezifizierte Konstruktionen im (gesprochenen) Französischen.
4. Was meinen die Begriffe *Hypothese* und *Theorie*? Welche Anforderungen werden an wissenschaftliche Hypothesen gestellt? Welche Schwächen weist in dieser Hinsicht die generativistische Grammatiktheorie auf?

---

[4] Das *français branché* lässt sich definieren als „langage ou vocabulaire qui se crée à l'intérieur de groupes sociaux […] et par lequel un individu affiche son appartenance au groupe et se distingue de la masse des sujets parlants" (*TLF* zit. bei Verdelhan-Bourgade 1991, 66f.), wobei präzisierend zu ergänzen wäre, dass „à condition de ne pas être réduit à un vocabulaire, l'usage du français branché semble être un signe de reconnaissance, non d'un groupe restreint et clos, mais de toute une couche de la population: celle qui lit les journaux, va aux spectacles, s'intéresse à la mode, à l'actualité. Classe moyenne, intellectuels, cadres, enseignants, usent couramment d'une variété de langage dont on ne saurait attribuer la paternité aux seuls publicitaires. Il y a une mouvance large du *branché*" (Verdelhan-Bourgade 1991, 67).

4.   Zur internen und externen Geschichte des *français parlé*

Interne Sprachgeschichte befasst sich mit den Entwicklungen des Sprachsystems, seiner Subsysteme und Einzelelemente, also mit dem Sprachwandel (vgl. Blumenthal 2003, 38; Berschin 2003, 33f.). Externe Sprachgeschichte beinhaltet demgegenüber vor allem die geographische, soziale, kulturelle und politische Dimension einer Sprache sowie ihr Verhältnis zu eigenen Varietäten und anderen Sprachen (vgl. Blumenthal 2003, 38; Berschin 2003, 34). Als Faktoren, die den Sprachwandel bestimmen, werden vor allem aufgeführt: funktionale Schwächen des Systems (wobei den Sprechern unterstellt wird, sie strebten danach, die Defizite des betreffenden Systems bzw. Subsystems zu beseitigen), das Ökonomieprinzip (Prinzip des geringsten Aufwandes), die Tendenz zu expressiven Ausdrucksweisen sowie speziell in der Syntax das Phänomen der Reanalyse (vgl. Blumenthal 2003, 40; Metzeltin/Gritzky 2003, 17). Hinsichtlich der Faktoren, die die externe Sprachgeschichte prägen, werden im Allgemeinen genannt: a) historische Ereignisse, b) Sprachkontakte, c) Spannungsverhältnisse zwischen einzelnen Varietäten des Sprachsystems, d) sprachpolitische Maßnahmen (vgl. Blumenthal 2003, 39).

Blumenthal (ib., 42ff.) plädiert dafür, der internen und externen Sprachgeschichte eine kognitiv und soziologisch ausgerichtete *intermediäre* Sprachgeschichte zur Seite zu stellen, der es zukäme, all jene Faktoren zu berücksichtigen, die von der herkömmlichen Dichotomie nicht erfasst werden, wozu insbesondere sozio-kulturelle Aspekte (wie etwa Änderungen in der Gesellschaftsstruktur, Wandel des Zeitgeistes, der Mentalität etc.) und kognitive Faktoren zu zählen seien. Ähnlich äußern sich Metzeltin/Gritzky (2003, 29), die von einer romanistischen Sprachgeschichtsschreibung fordern, dass sie auch „die allgemeinen evolutiven Tendenzen des Menschen (die Anthropologie) mit berücksichtigen sollte." Darüber hinaus betonen die Autoren (ib., 28f.), dass die Sprachgeschichte der nationalen romanischen Standardsprachen

> deutlicher auch als Teilaspekt der Geschichte von Nationalstaaten beschrieben werden [sollte]. Die Art, wie Sprechergruppen politisch verbunden sind (zentralistische vs. föderalistische Strukturen vs. Konglomerat unabhängiger Staaten), spiegelt sich auch in der stärkeren oder schwächeren Standardisierung mit der dementsprechenden Homogenisierung ihrer Sprachen wider.

Als konkretes Beispiel, das die Notwendigkeit der Berücksichtigung insbesondere der von Blumenthal genannten Aspekte verdeutlicht, lässt sich das unterschiedliche Verhalten französischer und deutscher Jugendlicher in Bezug auf die Verwendung von Akronymen in der SMS-Kommunikation anführen. Die sehr viel größere Innovationsfreude, die junge Franzosen diesbezüglich im Vergleich zu ihren deutschen Altersgenossen zeigen, führt Paillard (2005) neben linguistischen Gesichtspunkten vor allem auf einen markanten Unterschied im schulischen und universitären Unterricht zurück, der seinerseits für die Herausbildung eines spezifischen Mentalitätsunterschieds verantwortlich sei:

> En Allemagne [...] l'enfant n'écrit que ce qui lui paraît important et qu'il a réellement compris [...]. Il n'a donc pas besoin de mettre au point un système d'abréviations et de fait, elles sont peu nombreuses et varient d'une personne à l'autre (même pour les mots présentant une terminaison

fréquente, comme -*ierung*): on se contente généralement des abréviations officielles [...] et ne ressent pas le besoin d'innover.

En France [...] l'accent reste mis sur les connaissances: la fonction de l'enseignant consiste davantage à transmettre un savoir qu'à inviter à la réflexion immédiate. L'élève (puis l'étudiant) est donc invité à prendre beaucoup de notes, si bien qu'un **système d'abréviations** certes officieux (il ne figure pas dans les dictionnaires, particulièrement avares en abréviations reconnues) mais largement répandu a fini par s'imposer. (Paillard 2005, 261f.)

Das Hauptproblem, das sich der (romanischen) Sprachgeschichtsschreibung seit jeher stellt, besteht gerade darin, solche Korrelationen zwischen sprachlichen Phänomenen bzw. Fällen von Sprachwandel und sprachexternen Faktoren deutlich herauszuarbeiten, freilich ohne dabei in das Extrem der Idealistischen Neuphilologie zu verfallen (vgl. Metzeltin/Gritzky 2003, 26; Berschin 2003, 36). So glaubte etwa Karl Vossler (1872–1949), einer der Hauptvertreter der deutschen idealistischen Sprachwissenschaft, an eine sehr enge Beziehung zwischen dem Volkscharakter (der Wesensart eines Volkes) einerseits und der grammatischen Struktur und Entwicklung der jeweiligen Sprache andererseits. Dies bewog ihn beispielsweise dazu, die Herausbildung des Teilungsartikels (z.B. *du lait, de l'eau*) im spätmittelalterlichen Französisch mit dem rechnerischen Geist der Franzosen der frühbürgerlichen Epoche in Verbindung zu bringen (vgl. Pöckl et al. 2003, 21f.).

Die Erarbeitung einer gesicherten *histoire interne* des gesprochenen Französisch vom Mittelalter bis zur Gegenwart ist nach den oben in 2.1 aufgezeigten Problemen bezüglich der Quellenlage und deren Rekonstruktion und Interpretation nicht möglich. Trotz dieser Schwierigkeiten fällt die diachrone Dimension des *français parlé* jedoch keineswegs *in toto* als Forschungsfeld weg, denn immerhin kann das gesprochene Französisch der 1960er Jahre mit der Sprechsprache zu Beginn des 21. Jh. verglichen werden: Eines der ergiebigsten oralen Korpora des Französischen, das *Corpus d'Argenteuil*, enthält Aufnahmen aus dem Jahre 1964 (vgl. Söll 1985, 51; Koch/Oesterreicher 1990, 33f.) und die allermeisten Aufnahmen des derzeit umfassendsten sprechsprachlichen Korpus des hexagonalen Französisch, das C-ORAL-ROM-Korpus, stammen aus den Jahren 2000–2002 (vgl. Campione et al. 2005, 112f.). Bezüglich der älteren oralen Korpora des Französischen wäre auch noch das *Corpus d'Orléans* zu nennen, das 1969/1970 zusammengestellt wurde (vgl. Söll 1985, 51f.; Pusch 2002, 3f.). Bei Einbeziehung der ältesten Radioaufnahmen würde man sogar über sprechsprachliche Daten aus den ersten Jahrzehnten des 20. Jh. verfügen. Dass die Art und Zahl der im Rahmen solcher kontrastiver Analysen verfolgten Untersuchungsziele aufgrund der unterschiedlichen „Physiognomien" der Datenquellen beschränkt ist, versteht sich von selbst. Derartige Vergleiche dürften jedoch vor allem für Fragestellungen bezüglich des lautlichen und lexikalischen Bereichs durchaus aufschlussreich sein. Angesichts der Schwierigkeiten, die die älteren schriftlichen Quellen zum *français parlé* bereiten (s.o. 2.1), muss es erstaunen, dass derartige Vergleichsuntersuchungen bis dato kaum durchgeführt wurden. Dies wird sich jedoch möglicherweise in naher Zukunft ändern, da innerhalb der Korpuslinguistik (s.u. Kap. 8) seit Kurzem ein stärkeres Interesse an diachronischen Forschungen zu verzeichnen ist (vgl. Koch/Oesterreicher 2011, 30). Dass diachronische Studien auch dann interessante Ergebnisse zu Tage fördern können, wenn sie anstatt mehrerer Jahrhunderte nur relativ kurze Zeitspannen umfassen, zeigen die beiden folgenden Beispiele: Ein Vergleich der beiden Ausgaben des *Petit Larousse* von 1948 und 1960 ergab, dass innerhalb von nur zwölf Jahren ungefähr ein Viertel des untersuchten Wortschatzes Modifikationen erfahren hat (einige Wörter sind aus der Mode gekommen, andere sind hinzugekommen, wieder andere zeigen semantische Veränderungen unterschiedlicher Art; vgl. Chaurand 2008, 112). Im Bereich der Lautung wurde ermittelt, dass das Sprechtempo des Französischen im 20. Jh. eine enorme Beschleunigung erfahren hat: Innerhalb von nur einer Generation hat die Artikulation von Phonemen pro Sekunde um 25% zugenommen (vgl. Marchello-Nizia 2003, 88).

Während es hinsichtlich der internen Sprachgeschichte des gesprochenen Französisch eine äußerst lebendige, kontroverse Diskussion gibt (s.o. 2.1), ist der externen Sprachgeschichte bislang nur wenig Aufmerksamkeit geschenkt worden (vgl. Hunnius 2008, 2430). Doch nicht nur in Bezug auf das Französische und die übrigen romanischen Sprachen, sondern für die historische Sprachwissenschaft generell gilt, dass diese die externe Sprachgeschichte seit Hermann Paul bis heute vernachlässigt hat (vgl. Metzeltin/Gritzky 2003, 29; Berschin 2003, 34). So wird beispielsweise die wichtige Frage nach der Art der Faktoren, die die externe Sprachgeschichte bestimmen (s.o.), nur selten systematisch behandelt (vgl. Blumenthal 2003, 39). Als wegweisende Ausnahmen sind in diesem Zusammenhang die Arbeiten von Lodge (1998 und 2004) zu nennen, in denen der Autor die Geschichte des „dialecte urbain de Paris" anhand eines Drei-Phasen-Modells nachzeichnet.

Aufgaben

1. Lesen Sie das Kapitel „Sprachwandel und außersprachliche Faktoren" in Eckert (1986).
2. Erläutern Sie das Drei-Phasen-Schema, das Lodge (1998, 2004) zur Beschreibung der externen Sprachgeschichte der Stadtvarietät von Paris verwendet.
3. Informieren Sie sich darüber, was man unter *natürlichem* Sprachwandel, *sprachkontaktbedingtem* Sprachwandel und *geplantem* (kontrolliertem) Sprachwandel versteht und suchen Sie in der Geschichte des Französischen für jeden Typ mindestens ein Beispiel.
4. Kontrastieren Sie die Geschichte des Französischen im Hinblick auf Sprachpolitik und Sprachpflege mit dem Italienischen und/oder Spanischen.

5. Allgemeine (kommunikationsbedingte) Merkmale des gesprochenen Französisch

Die in inhaltlicher und vor allem in terminologischer Hinsicht problematische Unterscheidung von Koch/Oesterreicher (1990; ²2011) zwischen *universalen* und *einzelsprachlichen* Merkmalen des gesprochenen Französisch (s.o. 1.1) wird im Folgenden durch die Einteilung in *allgemeine* und *historisch-kontingente* Merkmale ersetzt. Mit *allgemeinen* Merkmalen sind Phänomene gemeint, die aus den spezifischen Kommunikationsbedingungen und Versprachlichungsstrategien resultieren, die die phonische Nähesprache auszeichnen, während *historisch-kontingente* Erscheinungen das Ergebnis der historischen Entwicklung des (gesprochenen) Französischen repräsentieren. Im Hinblick auf die allgemeinen Merkmale des *français parlé* ist zu betonen, dass einige durchaus auch in der geschriebenen Sprache begegnen. Da sie jedoch eine besonders stark ausgeprägte Affinität zur mündlichen Nähesprache zeigen, ist es sinnvoll, sie zusammen mit jenen allgemeinen Charakteristika zu behandeln, die *ausschließlich* in der Nähesprache auftreten. Die im Folgenden zu behandelnden Phänomene lassen sich dem textuell-pragmatischen, syntaktischen, semantisch-lexikalischen und lautlichen Bereich zuordnen.

5.1 Textpragmatik (I): Gesprächswörter und äquivalente Verfahren

Im Bereich der nähesprachlichen Textpragmatik kann zwischen den sog. *Gesprächswörtern* und funktional äquivalenten Elementen einerseits und den *Makrostrukturen* andererseits unterschieden werden. Gesprächswörter (und deren Äquivalente) sind typisch nähesprachliche Elemente, die auf Instanzen und Faktoren der Kommunikation *verweisen*. Zu diesen Instanzen und Faktoren zählen beispielsweise der Kontakt zwischen Sprecher und Hörer, deren Gesprächsrollen, deiktische Konstellationen, der Diskurs/Text, diskursrelevante Emotionen usw. Bei den Makrostrukturen (die auch die Distanzsprache kennzeichnen) handelt es sich demgegenüber um Elemente, die selbst Instanzen bzw. Faktoren der Kommunikation *darstellen*, wie etwa die spezifischen Diskursarten *mündliches Erzählen* und *mündliche Redewiedergabe* (vgl. Koch/Oesterreicher 2011, 42, 70).

5.1.1 Gliederungssignale

Gliederungssignale werden von den Sprechern verwendet, um den Aufbau ihres Diskurses zu markieren. Während im Distanzsprechen durch Ausdrücke wie *premièrement, de plus, en guise de conclusion* präzisiert wird, welcher Diskursabschnitt folgt, zeigen die Gliederungssignale im Nähesprechen lediglich an, dass ein solcher anfängt oder aufhört (vgl.

Koch/Oesterreicher 2011, 43). Betrachten wir hierzu das folgende Textbeispiel aus Eschmann (1984, 20f.; vgl. Koch/Oesterreicher 2011, 43f.):

> A - Non, non ça c'était au Grand Palais. A l'Odéon, j'y suis pas allée, je suis allée à la Sorbonne. Tout à fait...à peu près une semaine après qu'elle était rouverte. *Alors* dans le grand amphithéâtre, c'était sale! Y avait de la fumée, moi qui supporte pas la fumée. *Alors* dans les petites loges les gens étaient bien installés, assis, les pieds sur les bancs de devant, y en avait qui dormaient, les mieux organisés avaient des couvertures, *alors* ceux-là ils étaient vraiment bienheureux. *Puis* comme l'on entendait rien parce que la...la sonorisation...avait été cassée la veille paraît-il, des porte-voix ils en avaient pas, *alors* on est descendu pour euh...près de la tribune. *Alors* sur la tribune y avait...une vingtaine euh...oh non cinq ou six, mettons, en blue-jeans, fallait bien pour avoir l'air euh révolutionnaire, avec de la barbe dans la mesure du possible, les cheveux...un peu longs et légèrement ébouriffés, qui discutaient à la tribune. *Alors* y avait le président de la séance, qui tapait de temps en temps sur la table [...]

Die diskursstrukturierende Verwendung der Gliederungssignale ist nicht zu verwechseln mit der primären Funktion dieser Ausdrücke als Adverben, Konjunktionen etc. So fungieren *alors* und *puis* im obigen Textausschnitt ausschließlich als Gliederungssignale, während sie „von Hause aus" Temporaladverben sind (siehe etwa: *Des gens entraient, puis resortaient; La France était alors en guerre* (Koch/Oesterreicher 2011, 46)).

Im Allgemeinen werden zwei Typen/Funktionen von Gliederungssignalen unterschieden (vgl. hierzu Koch/Oesterreicher 2011, 47):

a) die **Anfangssignale**, die den Beginn eines Diskursabschnittes anzeigen: *et, mais, alors, oui, eh bien, écoute, tu sais/tu vois* usw.;

b) die **Schlusssignale**, die das Ende eines Äußerungsteils markieren: *non, n'est-ce pas, hein, quoi, tu sais* etc.

Anfangs- und Schlusssignale können auch in gehäufter Form aufeinanderfolgen, wie etwa im folgenden Ausschnitt zu sehen ist, in dem die Anfangssignale *eh bien* und *écoute* unmittelbar nacheinander verwendet werden:

> A: Et alors justement à ton avis les fast-foods par exemple en France ils vont faire euh [rires] ils vont avoir des succès? ou ou quoi? qu'est-ce que tu en penses?
> B: *Eh bien écoute*, moi, je trouve c'est assez contradictoire, hein, parce que c'est vrai que les Français aiment bien manger, aiment bien boire et donc on on serait tenté de croire que les fast-foods ne vont pas prendre et en fait je trouve qu'il y a toujours du monde dans les fast-foods [...] (Beeching-Korpus, Gespräch Nr. 81)[1]

Wie wir im Folgenden sehen werden, übernehmen die meisten dieser Elemente auch noch weitere Funktionen (Kontaktherstellung zum Gesprächspartner, Überbrückung von Verzögerungen beim Formulieren, Signalisierung des Sprecherwechsels (*turn-taking*) usw.), weisen also eine beachtliche Polyfunktionalität auf (vgl. Koch/Oesterreicher 2011, 68f.).

---

[1]   Zur Charakterisierung des Korpus s.u. in Kap. 8.

5.1.2 *Turn-taking*-Signale

Das spontane alltagssprachliche Kommunizieren ist durch ein hohes Maß an Dialogizität gekennzeichnet (s.o. 1.1), d.h. durch ein Wechselspiel der einzelnen Redebeiträge (*turns*) der Gesprächspartner. Das Wechseln des Sprechers bzw. des Redebeitrags (*turn-taking*) wird in der nähesprachlichen Kommunikation oftmals von *turn-taking*-Signalen begleitet, die sich in zwei Subtypen einteilen lassen:

a) Signale, die die *Übernahme eines Redebeitrags* markieren, was mitunter auch mit einer Unterbrechung des Redebeitrags des Gesprächspartners und gleichzeitigem Sprechen einhergehen kann (vgl. Koch/Oesterreicher 2011, 47):[2]

> B: St. Lunaire est ce qu'on appelle une ville de vieux, c'est-à-dire que le quart de la population a plus de soixante ans, ce qui représente quand même un très très grand nombre puisqu'on peut réunir euh dans une fête (xxx) personnes de plus de (xxx) ans facilement. Sur un
> A: *Alors euh*
> B: une population de (xxx) habitants hein c'est c'est déjà énorme.
> A: Alors l'hiver vraiment il n'y a pas une diminution de population ou un peu mais
> B: *Si*, énorme puisque l'hiver nous avons (xxx) habitants et l'été entre (xxx) et (xxx).
> A: Eh oui.
> (Beeching-Korpus, Gespräch Nr. 4)

In diesem Korpus-Ausschnitt erfährt der Redebeitrag von Sprecher B durch das „Alors euh" von Sprecher A eine Unterbrechung, B beendet aber seinen *turn* (ob es hier zu einer Überlappung der beiden *turns* kommt, geht aus der Transkription von Beeching nicht hervor). Der darauffolgende Beitrag von A wird nun durch B unterbrochen, der mit dem Widerspruch anzeigenden „Si" das „Rederecht" ergreift.

b) Signale, die – wie *quoi* im folgenden Beispiel – das *turn-Ende* anzeigen und somit dem Kommunikationspartner zu verstehen geben, dass ihm jetzt das Recht auf einen Redebeitrag zukommt (vgl. Koch/Oesterreicher 2011, 48):

> B: Nous, nous sommes commerçants donc euh heheh nous sommes obligés de répondre [sourire] de satisfaire le client hein? Donc euh en général bon pff ça se passe très bien. Les jeunes prennent prennent peut-être des films euh un petit peu violents mais j'ai pas remarqué que euh des films vraiment trop violents pour certains jeunes, *quoi*.
> A: C'est vraiment aux aux parents
> B: Ah, c'est aux parents.
> (Beeching-Korpus, Gespräch Nr. 13)

---

[2] Der folgende Korpusauszug weist an mehreren Stellen Lücken auf, wobei aus dem Kontext hervorgeht, dass es sich durchgängig um Zahlenangaben handelt. Wir haben die betreffenden Stellen mit „(xxx)" markiert.

5.1.3 Kontaktsignale

Sprachliches Kommunizieren impliziert zwangsläufig, dass zwischen den Gesprächspartnern ein Kontakt besteht. Für die Alltagssprache (Nähesprache) ist charakteristisch, dass die Kommunikationspartner sich kontinuierlich mittels spezifischer Signale gegenseitig versichern, dass der Kontakt (akustische Wahrnehmung und (intellektuelles) Verständnis des Gesagten, Interesse am Thema, Aufmerksamkeit, Zuwendung etc.) noch gegeben ist (vgl. Koch/Oesterreicher 2011, 50). Viele dieser Kontaktsignale sind parasprachlicher und nicht-sprachlicher Art, wie etwa Blickkontakt, Lachen, Pfeifen, Gestik, Mimik usw. (ib.),[3] daneben gibt es jedoch auch ein großes Arsenal an sprachlichen Ausdrucksmitteln, die der Vergewisserung des Kontaktes dienen. Auch bei diesen Gesprächswörtern lassen sich wieder zwei Klassen unterscheiden: die Sprecher- und die Hörersignale.

a) **Sprechersignale** richtet der Textproduzent an den Rezipienten: *hein, non, n'est-ce pas, tu sais, tu vois, écoute, dis donc* etc. (ib.).

Bei einer „starken" Verwendung der Sprechersignale zielt der Produzent auf eine direkte sprachliche Reaktion des Hörers ab, so dass hier eine unmittelbare Verbindung zum *turn-taking* gegeben ist (ib., 50f.):

A: [...] alors *dites* euh c'est pas loin on peut y aller à pied
A: c'est pas il y en a pour une demi
B: oh non
(Aachener Situationskorpus Französisch von Hans Scherer (1984); zit. bei Koch/Oesterreicher 2011, 50)[4]

Ob ein Sprechersignal tatsächlich auf eine direkte Reaktion des Rezipienten abzielt, lässt sich freilich in vielen Fällen allein anhand der Transkription nicht mit Gewissheit sagen, was etwa für das folgende Beispiel gilt:

A: Et en fait les gens sont plus...plus plus sont à l'aise, *n'est-ce pas*?
B: Oui, mais il y a beaucoup de chômage, les jeunes travaillent pas alors euh ça fait la délinquance, ils cassent les voitures pour prendre un poste, ils cassent des voitures pour euh se venger qu'ils ont pas de travail ou je sais pas ce qui peut leur passer dans la tête [...]
(Beeching-Korpus, Gespräch Nr. 7)

---

[3] Die Bedeutung der extra- und parasprachlichen Kommunikationsmittel darf nicht unterschätzt werden: Die psychologische Forschung hat ergeben, dass 93% der zwischenmenschlichen Kommunikation nonverbaler Art ist (vgl. Müller 1990, 207).

[4] Die Korpusbelege werden in diesem sowie im folgenden Kapitel zwecks Vereinheitlichung in einer stark vereinfachten Notation wiedergegeben, was auch für Korpusauszüge gilt, die aus anderen Werken (wie etwa Koch/Oesterreicher 2011) übernommen wurden. Bei der Notation beschränken wir uns auf die Verwendung der folgenden Symbole: „X Y Z" stehen für die Anonymisierung von Personennamen, der Schrägstrich „/" zeigt einen Abbruch an, Fettdruck mit gleichzeitiger Unterstreichung von Lauten bedeutet, dass diese gedehnt artikuliert werden, und „(xxx)" symbolisiert eine unverständliche Passage.

„Schwach" verwendete Sprechersignale haben nicht die Funktion, eine direkte sprachliche Reaktion seitens des Hörers hervorzurufen und können an jeder Stelle des Diskurses erscheinen (vgl. Koch/Oesterreicher 2011, 51):

> B: Mais des jours à cause de la marée, c'est pas possible de faire les deux les deux trajets en bateau *hein*? Donc il faut faire attention à ça. Fr [sic!] autrement donc le Cap Fréhel, ça c'est une promenade qui plaît beaucoup puisque c'est très joli, vous voyez toute la côte, tous les petits villages, toute la côte bretonne de Dinard et vous avez vue au Cap Fréhel donc c'est très très beau de voir la falaise d'en bas puisqu'en général on va par la route, donc on voit le Cap Fréhel d'en haut, quoi, mais d'ici c'est très joli, *hein*, il y a toujours plein d'oiseaux qui sont sur les rochers. C'est très joli. Alors là, c'est pareil, il y a des jours de...de fonctionnement, *hein* et il y a départ à quatorze heures quarante cinq donc vous revenez vers dix-sept heures quinze pour cette promenade-là. Et les tarifs alors c'est quatre-vingt-cinq francs par adulte et cinquante-et-un francs par enfant. Et pour toutes ces promenades il vaut mieux réserver, *hein*, parce qu'il y a quand même pas mal de de succès donc deux jours avant vous réservez, c'est suffisant.
> (Beeching-Korpus, Gespräch Nr. 12)

b) **Hörersignale** dienen dem Rezipienten dazu, dem Sprecher während seines Redebeitrags Aufmerksamkeit, Zustimmung, Überraschung usw. anzuzeigen: *hm, oui, d'accord, voilà, tiens, voyons, c'est vrai, c'est incroyable, sans blague* usw. (vgl. Koch/Oesterreicher 2011, 52). Auch bei den Hörersignalen kann zwischen einer „starken" und einer „schwachen" Verwendung differenziert werden. Mit „starken" Hörersignalen bezieht der Sprecher – über die Kontaktbestätigung hinausgehend – eine klare inhaltliche Position gegenüber dem Gesagten (ib., 52f.):

> B: […] c'est pas ça du tout que je voudrais, je voudrais avoir mettons le lundi de liberté ou un jour entier dans la semaine parce qu'avec les transports surtout, un quart d'heure est vite perdu.
> A: *Oui, c'est vrai.*
> B: Alors, c'est stupide parce que ça désorganise la production, ça nous fait des des prix de revient plus élevés et finalement ça ne rend service à personne.
> A: *Oui, c'est vrai, c'est, c'est incroyable...*
> (Beeching-Korpus, Gespräch Nr. 91)

Im Gegensatz dazu besitzen „schwache" Hörersignale „gerade keinen vollen inhaltlichen Wert, sondern dienen nur noch der permanent-begleitenden kommunikativen Rückkopplung" (ib.):

> B: Oui, oui, c'est international. D'ailleurs, d'où son nom – inter-rail. C'est une carte internationale.
> A: *D'accord.*
> (Beeching-Korpus, Gespräch Nr. 74)

> C: Puis il était plus petit que moi alors c'est moi qui m'occupais de mon frère.
> A: *Ah d'accord*!
> (Beeching-Korpus, Gespräch Nr. 16)

Als „schwache" Hörersignale begegnen sehr häufig lautliche „Schwundformen", wie beispielsweise *hm(m)* (vgl. Koch/Oesterreicher 2011, 52):

> A: Euh bon, on entend beaucoup sur les ordinateurs tout ça maintenant toute la question d'informatisation...

C: *Hmm.*
(Beeching-Korpus, Gespräch Nr. 1)

B: C'est François Mitterrand et Michel Rocard. Jacques Chirac, de droite, c'est le maire de Paris et il a été...
C: Il a été premier ministre.
B: premier ministre pendant le premier septennat de François Mitterrand
A: *Mmhmm...*
(Beeching-Korpus, Gespräch Nr. 1)

5.1.4 Überbrückungsphänomene

Im Unterschied zu den „geplanten", oftmals im Vorfeld schriftlich fixierten formellen Diskursen (Distanzsprache), zeichnet sich die Nähesprache durch ein hohes Maß an Spontaneität und i.d.R. auch durch einen raschen Wechsel der *turns* aus, so dass es den Sprechern nicht möglich ist, ihren gesamten Redebeitrag vorab im Detail zu planen bzw. zu „entwerfen". Der spontane Formulierungsvorgang, der die *ad-hoc*-Diskurse der Alltagssprache kennzeichnet, bringt Verzögerungen mit sich, die einerseits dem Sprecher mehr Zeit für die weitere Planung des Diskurses einräumen und andererseits dem Hörer die Rezeption erleichtern (vgl. Koch/Oesterreicher 2011, 54). Diese Verzögerungen werden mit bestimmten Verfahren bzw. Elementen überbrückt. Zu diesen Überbrückungsphänomenen zählen neben der leeren Pause vor allem verschiedene Strategien, die Pause zu füllen: Artikulation einfacher Laute (wie etwa *euh*), Dehnung von Lauten (insbesondere des Endvokals), Wiederholung von Wortbestandteilen, ganzen Wörtern oder Wortsequenzen usw. oder – außerhalb des sprachlich-verbalen Bereichs – durch Gestiken und Mimiken oder durch nichtsprachliche akustische Signale (Schnaufen, mit der Zunge schnalzen etc.) (ib.).
Beispiele:

A: tiens je lisais **ton** *euh* le truc que tu m'as passé là
(Korpus von Ralph Ludwig (1988); zit. bei Koch/Oesterreicher 2011, 55)

Dieser Korpusauszug zeigt, dass Überbrückungsphänomene auch miteinander kombiniert auftreten können: Der Endvokal des Possessivpronomens *ton* wird gedehnt artikuliert und als weiterer Pausenfüller wird noch ein „euh" in die Rede „eingeflochten".

5.1.5 Korrektursignale

Die Spontaneität der Alltagssprache bringt es mit sich, dass die Sprecher häufig Teile ihrer Äußerungen korrigieren, wobei unterschiedliche Vorgehensweisen möglich sind.

Die Korrektur kann ohne ein hinweisendes Signal einfach durch einen Abbruch der Konstruktion erfolgen, der im folgenden Beispiel durch Schrägstrich symbolisiert ist (vgl. Koch/Oesterreicher 2011, 56):

A: [...] quand on voit ces pays-là que les gens se soumettent et acceptent des situations inaccep-tables et qu'on voit en France comme on est libre *comme on a/* je sais pas *je comprends/* je peux pas comprendre *qui/* qu'ils osent parler qu'ils osent rouspéter pf [...]
(Korpus von Ralph Ludwig (1988); zit. bei Koch/Oesterreicher 2011, 56)

Häufig begegnet jedoch auch eine explizite Korrektur mittels der sog. *Korrektursignale* (die zusammen mit Überbrückungsphänomenen auftreten können): *enfin, non, bon* usw. (vgl. Koch/Oesterreicher 2011, 57):

A: [...] je voudrais que les mécanos ils viennent euh au terminus là pour euh *enfin* euh à huit heures et demie là pour me purger ma flotte là pour me purger mon circuit d'eau
(Korpus von Jürgen Eschmann (1984); zit. bei Koch/Oesterreicher 2011, 57)

Von den oben vorgestellten eigentlichen Korrekturen, bei denen lautliche, morphosyntakti-sche oder lexikalische „Fehltritte" rückgängig gemacht werden, lassen sich die *Präzisie-rungen*, die für sachlich-inhaltliche Klarstellungen sorgen, unterscheiden, wobei hier jedoch die Übergänge zu lexikalischen Korrekturen fließend sind (ib.):

A: [...] ah puis c'est/ je sais pas quoi j'ai j'ai dû avoir la tête ailleurs alors j'ai complètement ou-blié euh mes outils *enfin je veux dire* mes clés quoi [...]
(Aachener Situationskorpus Französisch von Hans Scherer (1984); zit. bei Koch/Oesterreicher 2011, 57)

Die Korrekturen/Präzisierungen müssen nicht immer vom Sprecher selbst vorgenommen werden (Selbstkorrektur/Selbstpräzisierung), sondern können auch vom Gesprächspartner ausgehen (Fremdkorrektur/Fremdpräzisierung). Im folgenden Beispiel für eine *Selbst-korrektur* wird diese durch eine nicht-sprachliche Reaktion des Rezipienten (Lachen) aus-gelöst (vgl. Koch/Oesterreicher 2011, 58):

A: ah ça le chapeau tout dans le chapeau et l'air aimable quand j'ai vu que mon mari me me télé-phonait je me
B: ((Gelächter))
A: *photographiait* [...]
(Korpus von Jürgen Eschmann (1984); zit. bei Koch/Oesterreicher 2011, 58)

Beispiel für eine *Fremdpräzisierung*:

A: [...] dans le collège où Z se trouve sur quarante-cinq sur cinquante six à faire grève [...]
B: *oh sur cinquante* cinquante que six
(Korpus von Jürgen Eschmann (1984); zit. bei Koch/Oesterreicher 2011, 58)

Das Recht auf Selbstkorrektur bedeutet nun aber keineswegs, dass der Sprecher grund-sätzlich davon Gebrauch macht. Oftmals gibt der Sprecher durch die Verwendung von *Un-sicherheits-* bzw. *Ungenauigkeitssignalen*, wie etwa *je sais pas, enfin, quoi*, zu erkennen, dass er die Ausdrucksschwierigkeiten gar nicht beheben kann oder will (vgl. Koch/Oester-reicher 2011, 58f.):

A: [...] alors sur ce Cohn-Bendit n'est-ce pas le fameux hm hm a monté un mouvement de/ révo-lutionnaire je sais pas comment il a appelé ça *peu importe*
B: mouvement du vingt-deux mars
C: mouvement

A: ah non il avait un nom un nom des
C: du vingt-deux mars je crois
A: initiales révolutionnaire nanterrois ou un truc comme ça *je sais pas enfin bref peu import* […]
(Korpus von Jürgen Eschmann (1984); zit. bei Koch/Oesterreicher 2011, 59)

5.1.6   Interjektionen

Die Interjektionen, deren Status als Wortart umstritten ist, werden in der Forschungsliteratur üblicherweise nach den folgenden Kriterien geordnet: Aufforderung und Frage,
Zustimmung, Ablehnung und Widerspruch, positive oder negative Bewertungen, Gleich-
gültigkeit, Gefühle wie Schmerz, Trauer, Empörung, Enttäuschung, Überraschung, Freude
usw., körperliche Empfindungen wie Schmerz, Müdigkeit, Frieren, Ekel etc. (vgl.
Koch/Oesterreicher 2011, 60). Beispiele für Interjektionen des Französischen sind: *ah, aïe,
bah, bof, fi, hop, oh, oh là là, ouf, ouïe, pst, zut* etc. (ib., 61). Diese Ausdrucksmittel sind
kommunikativen Kontexten vorbehalten, die durch eine starke Situationseinbindung, ein
hohes Maß an Emotionalität und Vertrautheit der Gesprächspartner gekennzeichnet sind,
und bilden üblicherweise eine Einheit mit intonatorischen Phänomenen sowie gestischen
und mimischen Elementen (ib., 60):

A: […] il y a une tache dans la robe *zut*
B: mais vous voulez pas… vous voulez pas essayer de de laver?
(Aachener Situationskorpus Französisch von Hans Scherer (1984); zit. bei Koch/Oesterreicher
2011, 60)

Die Interjektionen werden im Allgemeinen in *primäre* und *sekundäre* Interjektionen untergliedert. Primäre Interjektionen, wie etwa die oben aufgeführten Beispiele, werden im Unterschied zu sekundären Interjektionen (z.B. *ma foi, mon œil, merde, mon dieu, putain* usw.)
nicht aus dem Wortmaterial der jeweiligen Sprache gebildet. Beide Klassen zeichnen sich
durch ein Bündel (gemeinsamer) Eigenschaften aus (ib., 61):

a) sie sind kommunikativ vollwertig und eigenständig;
b) sie besitzen inhaltlich und ausdrucksmäßig einen knapp-synthetischen Charakter (so vermittelt
etwa die (primäre) Interjektion *Au!* im Deutschen soviel wie „Jetzt habe ich mir wehgetan, jetzt
gerade tut es weh");
c) sie sind syntaktisch nicht in Sätze integrierbar;
d) sie sind konventionalisiert (auch die Funktion der sekundären Interjektionen lässt sich nicht
anhand der Semantik der Lexeme ermitteln, aus denen sie sprachhistorisch betrachtet hervorgegangen sind).

5.1.7   Abtönungsformen

Wenn wir sprechen/schreiben, dann artikulieren wir sprachliche Elemente (*lokutionärer
Akt*), mit denen wir Sachverhalte darstellen (*propositionaler Akt*). Darüber hinaus vollzie-
hen wir aber auch jeweils bestimmte Handlungen. Hier sind vorrangig die sog. *illokutionären Akte* (Sprechakte) zu nennen: Feststellen, Behaupten, Fragen, Bitten, Befehlen, Ver-

sprechen, Anbieten, Warnen, Danken, Beglückwünschen, Sich-Entschuldigen, Grüßen usw. (vgl. Koch/Oesterreicher 2011, 63; Kindt 2002, 291). Ein und derselbe propositionale Akt kann je nach Kontext ganz unterschiedliche Sprechakte repräsentieren. So kann beispielsweise der Satz *il pleut* als einfache Feststellung geäußert werden, als indirekte Bitte (den Schirm mitzunehmen) oder als indirekte Warnung (aus dem Haus zu gehen) usw. (vgl. Koch/Oesterreicher 2011, 63). Während die Sprecher in der Distanzsprache dazu tendieren, ihre Sprechakte durch sprachliche Mittel möglichst explizit zu machen (z.B. *Comme il pleut, je vous conseille de ne pas sortir à moins que vous ne veuillez prendre froid*), bleiben in der Nähesprache viele Aspekte der Illokutionen entweder allein dem außersprachlichen Kontext überlassen oder sie werden mittels spezifischer sprachlicher Ausdrucksmittel nur angedeutet (ib.). Dieses Andeuten bzw. Modifizieren der illokutionären Charakteristik eines Satzes mittels sparsamer sprachlicher Elemente wird als *Abtönung* und die verwendeten Ausdrucksmittel als *Abtönungsformen* bezeichnet (vgl. Koch/Oesterreicher 2011, 63–68; Waltereit 2006, 14, 25, 37, 177). Nach Waltereit (2006, 177 und passim) stellt Abtönung eine eigene pragmatische Funktion dar, die mit unterschiedlichen formalen Ausdrucksstrategien realisiert wird: mit Partikeln (wie z.B. *quand même*, *là*), Morphemen, syntaktischen Konstruktionen und der Intonation. Daher verwendet der Autor als Oberbegriff nicht den herkömmlichen Terminus Abtönungs*partikeln*, sondern Abtönungs*formen*. Sehen wir uns einige Beispiele für verschiedene Abtönungsformen an.

Abtönungspartikeln:[5]

A hat B auf ihr neues Kleid einen hässlichen Fleck gemacht:

> A: ça se voit pas tellement hein?
> B: ça se voit pas monsieur […]
> A: ça choque peut-être un peu si j'en faisais un peu sur les un peu au partout autour comme ça hein?
> B: faut *quand même* pas exagérer Monsieur!
> (Aachener Situationskorpus Französisch (Scherer 1984); zit. bei Koch/Oesterreicher 2011, 64)

Hier wird mit *quand même* „eindeutig, aber äußerst sparsam, auf die situativen und interaktionalen Gegebenheiten (schönes Kleid, Fleck, Verharmlosung des Vorfalls durch A) Bezug genommen. Dadurch wird der Vorwurf gerechtfertigt und zugleich mit einer abtönenden Nuance ‚Entrüstung' versehen" (Koch/Oesterreicher 2011, 64).

Im folgenden Beispiel gibt B durch die Verwendung der Abtönungspartikel *là* A zu verstehen, dass der unterschiedliche Erfolg in der Schule nicht wirklich erklärt werden könne. Die unmittelbar vorausgehende Frage von A wird also als unbeantwortbar dargestellt und somit

---

5 Waltereit (2006, 1f., 18) differenziert zwischen *Abtönungspartikeln* und *Modalpartikeln*. Nach der in der germanistischen Sprachwissenschaft üblichen Definition treten Modalpartikeln, die für das Deutsche und weitere festlandgermanische Sprachen charakteristisch sind (vgl. etwa: *Was ist **denn** das Problem?*), ausschließlich im *Mittelfeld* des Satzes auf, d.h. zwischen dem finiten Verb in der linken Satzklammer und dem abhängigen Bestandteil des Verbs, der in der rechten Satzklammer positioniert ist (vgl. Meibauer 2008, 71). Da es dieses topologische Feld in den romanischen Sprachen nicht gibt, können diese nach Waltereit auch keine Modalpartikeln kennen.

erhält die Äußerung von B eine Perspektive, die ansonsten fehlen würde (Waltereit 2006, 106):

> A: et comment vous expliquez qu'il y a des enfants qui réussissent à l'école et d'autres pas
> B: ah alors *là* comment se fait-il qu'il y a des grands et des petits je crois que c'est un peu ça il y a des enfants qui sont il y a d'abord des enfants qui sont plus intelligents que d'autres [...]
> (ELICOP-Korpus; zit. bei Waltereit 2006, 106)

abtönende Morpheme (hier: Tempusmorphem):

> Voulez-vous que je vous dise franchement mon opinion?...Eh bien! faute d'écouter quelques conseils de gens que vous prenez pour des ennemis, *vous allez vous brûler les ailes...*
> (Toussaint zit. bei Waltereit 2006, 13)

Nach Schrott (1997, 292) ist der Teilsatz *vous allez vous brûler les ailes* hier mit *Sie werden sich noch die Finger verbrennen* zu übersetzen, d.h. die Verwendung des periphrastischen Futurs bewirkt hier eine Abtönung (vgl. auch Waltereit 2006, 13f.).

syntaktische Abtönungsverfahren:

Die Konstruktion *tu n'as qu'à* (bzw. *t'as qu'à*) bedeutet entsprechend ihrer Komponenten 'du brauchst nur':

> M: mais allez flut euh: dis tu ne fous jamais rien je ne te demande jamais rien euh: tu pourrais quand même une fois me faire plaisir
> F: non je regarde mon feuilleton je le suis depuis le début je regarde mon feuilleton
> M: mais oui mais il y a une rediffusion demain *tu n'as qu'à* l'enregistrer et moi ça ne passe qu'une fois
> F: non demain j'ai cours demain j'ai cours
> (ELICOP-Korpus zit. bei Waltereit 2006, 174)

M und F streiten sich hier um das Fernsehprogramm. Mit *tu n'as qu'à* „wird F ein lediglich geringer Aufwand für die ihm angetragene Handlung suggeriert und damit die Annahme des direktiven Sprechaktes erleichtert" (Waltereit 2006, 174).[6] *Tu n'as qu'à* heißt hier 'du brauchst nur' und ließe sich daher beispielsweise durch das synonyme *il suffit de* ersetzen (ib.).

Nun tritt unsere syntaktische Konstruktion jedoch auch in Kontexten auf, in denen ihr nicht die Bedeutung 'du brauchst nur' bzw. 'es genügt zu...' zugeschrieben werden kann:

> Alors, en 40, quand on a vu qu'on la perdait, la guerre, on s'est dit: on va faire des gosses pour pas être ridicule la prochaine fois.
> Mais aujourd'hui les jeunes veulent plus la faire, la guerre!
> Même les jeunes Allemands y veulent pas la faire, la guerre! *T'as qu'à* voir dans quelle merde on est! (Waltereit 2006, 174)

Mit Waltereit (ib., 174) ist davon auszugehen, dass die Konstruktion *t'as qu'à* hier der Hervorhebung ihrer Trägeräußerung (*voir dans quelle merde on est*) dient und zudem die Funktion besitzt, den vorhergehenden Satz *même les jeunes Allemands y veulent pas la faire, la*

---

[6] Waltereit hat in diesem Passus (sowie an einer weiteren Stelle) die Kürzel M und F miteinander vertauscht, was hier korrigiert wurde.

guerre! auf ironische Weise als Evidenz für die Konklusion *on est dans la merde* zu präsentieren.

prosodische Abtönung:

> *Ton frère*, qu'est-ce qu'il en pense?
> (zit. bei Waltereit 2006, 148)

Diese Äußerung stellt eine Thematisierung/Topikalisierung[7] der Konstituente *ton frère* dar und kann als solche mit zwei verschiedenen Intonationskonturen artikuliert werden, die jeweils unterschiedliche semanto-pragmatische Nuancen vermitteln (vgl. Waltereit 2006, 148f.):

```
Ton  frère,  qu'est-ce qu'il en pense?
L    H*   H*              L*             (Variante A)
H    L*   H*              L*             (Variante B)
```

Variante A (mit der L-H*-Kontur auf der topikalisierten Konstituente) repräsentiert die pragmatisch unmarkierte Form einer Frage mit Linksversetzung. In der Variante B (mit der H-L*-Kontur auf der Topik-Konstituente) „wird hingegen außerdem noch auf den Status von *ton frère* als Diskursthema angespielt, so als ob man fragte: *ton frère, on parle bien de ton frère?*" (ib., 149). Wir haben es hier mit einem Fall von I-Topikalisierung zu tun,[8] wobei der Sprecher so tut, als ob nach dem Thema (*ton frère*), das er selbst setzt, schon gefragt worden wäre. Prosodisch wird dies dadurch markiert, dass die verwendete Intonationskontur mit derjenigen identisch ist, die elliptische Fragen (wie etwa: *Et ton frère?*) im Französischen aufweisen (ib.). Dies zeigt, dass Intonation als Abtönungsverfahren eingesetzt werden kann (ib., 150).

Nicht der Abtönung zuzurechnen sind *Abschwächungen* (z.B. *plus ou moins, pratiquement*), *Verstärkungen* (wie beispielsweise *très bien*) oder *Satzadverbien* (wie etwa *peut-être, probablement, malheureusement*). Ein Unterschied besteht zunächst einmal darin, dass Abschwächungen, Verstärkungen und Satzadverbien im Gegensatz zu Abtönungsformen nicht auf die Nähesprache beschränkt sind (vgl. Koch/Oesterreicher 2011, 68). Darüber hinaus unterscheiden sich Abtönung einerseits und Abschwächung und Verstärkung andererseits dadurch, dass Abtönungen – wie die oben aufgeführten Beispiele zeigen – die Modalität des Sprechaktes verändern, während Abschwächungen/Verstärkungen lediglich die illokutionäre Kraft eines bestimmten Sprechaktes mindern bzw. erhöhen, d.h. die grundsätzlichen Merkmale des jeweiligen Sprechaktes bleiben bei diesen beiden Verfahren unverändert (vgl. Waltereit 2006, 188f.). So wird beispielsweise in dem folgenden Satz durch die Verwendung des Konditionals der Wunsch in seiner illokutionären Charakteristik nicht

---

[7] Mit den beiden Begriffen ist gemeint, dass eine Konstituente aus der normalen, unmarkierten Wortstellung an den Anfang gerückt und auf diese Weise zum *Thema* bzw. *topic* gemacht wird, d.h. zum *Satzgegenstand* („das, worüber etwas ausgesagt wird") (vgl. Lipka 1982, 167; Gabriel/Meisenburg 2007, 182).

[8] Das „I" in dem Terminus „I-Topikalisierung" steht für „Intonation".

verändert, d.h. der Sprechakt *Wunsch* als solcher wird nicht modifiziert, sondern er wird lediglich schwächer realisiert:

> *Je voudrais une glace à la fraise.* (abgeschwächte Realisierung des Wunsches)
> *Je veux une glace à la fraise.* („starke" Explizierung des Wunsches)

Satzadverbien und Abtönungsformen divergieren vor allem hinsichtlich der Äußerungsebene, der sie angehören: Abtönungsformen (wie etwa *là* usw. in den obigen Beispielen) fungieren auf der Ebene der Äußerung, des *plan du dit*, Satzadverbien hingegen operieren „oberhalb" der Satzgrenze auf der Ebene des Äußerungsaktes, des *plan du dire* (vgl. Detges 1998, 5), wie in folgendem Beispiel zu sehen ist:

> *Confidentiellement*, l'université va être radicalement transformée.
> (zit. bei Detges 1998, 5; Hervorhebung im Text)

5.1.8 Zusammenschau

Wie den vorangehenden Ausführungen zu entnehmen ist, handelt es sich bei den hier präsentierten textuell-pragmatischen Ausdrucksmitteln sowohl um Elemente mit Wortstatus (wie etwa die Gliederungssignale *alors*, *puis*, das Korrektursignal *enfin*, die sekundäre Interjektion *merde* usw.), als auch um Elemente, denen dieser Status nicht zugeschrieben werden kann (wie etwa das Kontaktsignal *hm*, Überbrückungsphänomene wie Pausen und Dehnungen, syntaktische und intonatorische Abtönungsverfahren, Interjektionen wie *ma foi* etc.) (vgl. Koch/Oesterreicher 2011, 68). Alle diese Verfahren lassen sich sieben (für die Nähesprache charakteristischen) Funktionen zuordnen: *Gliederung*, *turn-taking*, *Kontakt*, *Überbrückung*, *Korrektur*, *Emotionalität* (Interjektionen) und *Abtönung* (ib., 68f.). Wie wir gesehen haben, zeichnen sich viele Gesprächswörter und auch einige der funktional äquivalenten Ausdrucksstrategien durch ein hohes Maß an Polyfunktionalität aus. So kann beispielsweise *alors* als Gliederungs- und *turn-taking*-Signal fungieren und ferner auch noch der Überbrückung und der Abtönung dienen (ib., 55, 66, 69).

5.2 Textpragmatik (II): Makrostrukturen

Während die Gesprächswörter (und die ihnen funktional äquivalenten Verfahren) auf Instanzen und Faktoren der Kommunikation verweisen, repräsentieren die beiden hier behandelten Makrostrukturen – wie oben in 5.1 bereits hervorgehoben wurde – selbst Instanzen der Kommunikation.

Eine Makrostruktur, die für Diskurse/Texte fundamentale Bedeutung besitzt, ist die *Kohärenz*, d.h. der textbildende Zusammenhang, der durch textgrammatische Ausdrucksmittel (wie etwa Deixis, Thema-Rhema-Gliederung, Proformen) und semantische Strukturen (z.B. thematische Progression, semantische Isotopie, temporale Konnexion etc.) er-

zeugt wird (vgl. Bußmann 1990, s.v.; Koch/Oesterreicher 2011, 70f.). Wie Koch/Oester-
reicher (ib., 70) betonen, orientiert sich ein solcher Begriff von Kohärenz am Distanzsprechen und berücksichtigt nicht, dass sich das Nähesprechen durch Brüche, gedanklich-
thematische Sprünge, Inkonsequenzen, Unvollständigkeiten etc. auszeichnet, wobei aber
dennoch erfolgreich miteinander kommuniziert wird. Dies liegt darin begründet, dass Kohärenz in der Nähesprache nicht ausschließlich qua sprachlicher (digitaler) Mittel auf der
Ebene des Ko-Textes hergestellt wird, sondern zusätzlich in hohem Maße aus analogen
Kontexten hervorgeht: situativer Kontext, Wissenskontexte, nichtsprachliche (z.B. intonatorische) und parasprachliche (z.B. Gestik, Mimik) Kontextfaktoren (vgl. Koch/Oester-
reicher 2011, 10f., 70f.). Der makrostrukturelle Aspekt der Kohärenz ist grundsätzlich allen
Nähediskursen eigen, im Folgenden werden wir nun zwei spezifische Makrostrukturen des
Nähesprechens genauer betrachten: das mündliche Erzählen und die mündliche Redewiedergabe.

5.2.1 Mündliches Erzählen

In der alltagssprachlichen Kommunikation dient das Erzählen einer ganzen Reihe unterschiedlicher Zwecke:

> [E]s entlastet von konkreten Handlungszwängen, unterhält den/die Partner, befriedigt das Infor-
> mationsbedürfnis (auch die Neugier) der Zuhörer und das Mitteilungsbedürfnis des Erzählers, er-
> laubt diesem die Verarbeitung von Erlebnissen, gibt Handlungsmodelle vor und dient zur quasi-
> argumentativen Stützung oder Widerlegung von Meinungen, Thesen etc.; es bestärkt die gemein-
> samen Überzeugungen, die Vertrautheit und die affektiven Beziehungen zwischen den Partnern,
> wobei allerdings die Bedeutung des Erzählens gerade für die Selbstdarstellung des Erzählenden
> nicht übersehen werden darf. (Koch/Oesterreicher 2011, 74)

Dem mündlichen Erzählen kommt insofern eine Sonderstellung unter den Nähediskursen
zu, als das Erzählen einige Charakteristika aufweist, die nicht zu bestimmten Aspekten der
Definition von kommunikativer Nähe passen (vgl. Koch/Oesterreicher 2011, 74):

a) Das Erzählen ist im Kern monologisch, die Kooperationsmöglichkeiten der Zuhörer
sind somit stark eingeschränkt;

b) der temporale, lokale und teilweise auch der personale Referenzbezug sind vom
„Hier-jetzt-ich" (der Sprecher-*origo*) entfernt, das Erzählen ist also nicht in unmittelbare Si-
tuations- und Handlungszusammenhänge eingebunden;

c) mündliches Erzählen ist oftmals durch eine weitgehende Themenfixierung gekennzeichnet.

Vor diesem Hintergrund ist es naheliegend, dass die Sprecher im Rahmen des nähesprachlichen Erzählens danach streben, ihren Diskurs für die Rezipienten anschaulicher zu
gestalten und daher auf verschiedene Strategien zur Vergegenwärtigung und Verlebendigung der Rede rekurrieren (ib.). Neben Onomatopoetika und Interjektionen sowie prosodischen Mitteln (Betonung, Dehnung usw.) zählt hierzu vor allem die Wahl des Präsens als
Erzähltempus (narratives Präsens, *praesens historicum*) (ib., 74f.):

A: [...] puis elle *continue* pa ta ta ta ta au bout d'un moment crrc boum. Un bruit dans la bagnole vou ça commençait à une fumée pas possible crac je me *gare* je *soulève* ouh plus de moteur...alors euh on *sort* au péage et puis vou

B: ((fragt nach dem Wagentyp))

A: une Jaguar et puis ((verhaltenes Lachen und Gluckern aus der Weinflasche)) on *continue*...ha ha oui théoriquement ça tient hein mais alors là ça avait lâché...((Gelächter)) alors on *continue* euh on *continue* à à rouler alors j'étais en ben je sais pas je crois que je devais être en première ou en seconde c'est une boîte automatique alors je sais plus je sais plus trop hein je crois que j'étais en première parce qu'elle tournait pas assez pour euh déclencher la seconde dingue hein ce truc alors finalement on *arrive* dans un petit village il y avait un hôtel là alors je *coupe* tout [...]

(Korpus von Stempel (1987); zit. bei Koch/Oesterreicher 2011, 75)

Für das Französische sowie die übrigen romanischen Sprachen ist charakteristisch, dass das narrative Präsens anstelle des *passé simple* als Vordergrund-Tempus fungiert, während der Imperfekt und das Plusquamperfekt als Hintergrund-Tempus verwendet werden (vgl. Weinrich 1971, 275ff.; Koch/Oesterreicher 2011, 76f.). Neben dem Präsens tritt aber auch der *passé composé* als Vordergrund-Tempus auf, wobei dieser vornehmlich in „fragmentarischen und isolierten Erzählabschnitten" zum Einsatz kommt, das narrative Präsens hingegen vor allem in „längeren und kohärenten Erzählabschnitten" begegnet (vgl. Weinrich 1971, 277).[9] Durch den Gebrauch des narrativen Präsens wird die temporale Distanz sowie überhaupt die referentielle Differenz zwischen dem Erzählten/Vergangenen und der aktuellen Gesprächssituation „ausgeschaltet", wodurch die erzählten Sachverhalte auch in erlebnismäßiger Hinsicht „näherrücken" und an Eindrücklichkeit gewinnen (vgl. Koch/Oesterreicher 2011, 77).

5.2.2 Mündliche Redewiedergabe

Ein weiteres Verfahren, das im Rahmen narrativer Nähediskurse der Vergegenwärtigung und Verlebendigung dient, ist das Zitieren direkter Rede: *Charles a dit*: „*Je viendrai*" (vgl. Koch/Oesterreicher 2011, 78; Gülich/Mondada 2008, 114). Die Wiedergabe fremder (aber auch eigener) Äußerungen sowie mitunter auch ganzer Dialoge stellt in der Alltagskommunikation eine hochfrequente Ausdrucksstrategie dar, die in der Konversationsanalyse als typisches Mittel der „szenischen Darstellung" bzw. „Dramatisierung" beschrieben wird (vgl. Gülich/Mondada 2008, 114), wobei „der Erzähler gleichsam die Rolle der 'erzählten' Person spielen [kann]" (Koch/Oesterreicher 2011, 79f.). Neben der direkten Rede, die in Bezug auf die temporale, lokale und/oder personale Deixis vom übergeordneten Diskursteil abweicht (s.o.), kann ein anderer Diskurs auch syntaktisch vollständig in den Trägerdiskurs integriert und an dessen deiktisches Bezugssystem angepasst werden: „*Charles a dit qu'il viendrait*" (indirekte Rede) (vgl. Koch/Oesterreicher 2011, 78). Da diese deiktische

---

[9] Der *passé composé* kann jedoch auch als Rahmen für eine mündliche Erzählung im Präsens erscheinen (vgl. Koch/Oesterreicher 2011, 77).

Anpassung jedoch einen recht hohen Planungsaufwand für den Sprecher bedeutet, wird in der spontanen Alltagssprache erwartungsgemäß die direkte Rede präferiert (ib.):

> A: [...] alors je voulais y aller cet après-midi puis euh Z il devait venir avec moi pour m'aider pour que ça aille plus vite CRAC la grand-mère qui s'amène elle me *dit* „*Tiens* j'ai pensé comme tu m'as dit que qu'on irait euh que vous iriez à la fac euh comme moi je dois aller à Darty j'ai pensé que tu pourrais m'amener" bon ben je lui ai *dit* „moi je veux bien je
> B: mhm
> A: veux bien t'amener" bon alors euh et puis bon mais moi j'ai pas réalisé quoi c'est tout hein puis elle me *dit* euh „*oui mais alors* euh moi j'en ai pour une demi-heure une heure alors faudra que tu viennes me rechercher" mais je *dis* „ça va pas je peux pas venir te rechercher [...]"
> (Korpus von Ralph Ludwig (1988); zit. bei Koch/Oesterreicher 2011, 78f.)

Während bei der indirekten Rede durch die syntaktische Integration und die deiktische Anpassung angezeigt wird, dass eine Redewiedergabe vorliegt, wird dies bei der direkten Rede insbesondere durch Rückgriff auf Redeverben und Gliederungssignale (Anfangssignale), wie etwa *dit* (*dis*), *tiens* und *oui mais alors* im voranstehenden Korpusauszug, signalisiert (ib., 79).

5.3   Syntax

Bei der nachfolgenden Beschreibung allgemeiner syntaktischer Charakteristika des gesprochenen Französisch wird zwar der Grammatiktradition entsprechend der *Satz* als Bezugseinheit angesetzt, doch wie wir sehen werden, gilt es zu berücksichtigen, dass sprachliche Äußerungen insbesondere in der Nähesprache nicht ausschließlich aus Sätzen bestehen, sondern auch nicht-sentenziale Äußerungsformen beinhalten, und dass bestimmte Phänomene, die der transphrastischen (d.h. die Satzgrenze überschreitenden) Syntax zuzurechnen sind, wie etwa Deixis, *consecutio temporum*, Koordination von Sätzen usw., sich nur durch eine Erweiterung der Perspektive über die Satzgrenze hinaus adäquat beschreiben lassen (vgl. Koch/Oesterreicher 2011, 80f.). Auch wenn die Transphrastik nur auf der Ebene des Diskurses/Textes erfassbar ist, geht es im Folgenden – im Unterschied zu den vorangehenden Abschnitten zu den allgemeinen textuell-pragmatischen Kennzeichen der Nähesprache – jedoch nicht um den Diskurs/Text als Instanz der Kommunikation, sondern um den Diskurs/Text als höchste Konstruktionseinheit hinsichtlich der Sequenz sprachlicher Zeichen (ib., 81).

5.3.1   „Einfache" und „unvollständige" Syntax

Als Folge der oben in 1.1 genannten kommunikativen Faktoren, die für die Nähesprache typisch sind, sind nähesprachliche Diskurse/Texte durch „einfache" Sätze/Konstruktionen geprägt, wobei mit „einfach" gemeint ist, dass Komplexität und Länge der syntaktischen

Konstruktionen im Vergleich zur Distanzsprache reduziert sind (vgl. Söll 1985, 55; Kiesler 1995, 397):

Distanzsprache:

(7) En adhérant à l'Union européenne, la République de Bulgarie et la Roumanie acceptent, sans réserve, le traité établissant une Constitution pour l'Europe et, d'ici l'entrée en vigueur de cette dernière, le traité sur l'Union européenne et les traités instituant les Communautés européennes, y compris tous leurs objectifs et l'ensemble des décisions prises depuis leur entrée en vigueur, ainsi que les options prises en vue du développement et du renforcement de ces Communautés et de l'Union.

(8) Une caractéristique essentielle de l'ordre juridique instauré par les traités instituant les Communautés européennes et, lorsqu'il entrera en vigueur, le traité établissant une Constitution pour l'Europe, est que certaines de leurs dispositions et certains actes adoptés par les institutions sont directement applicables, que le droit communautaire prime toute disposition nationale éventuellement contradictoire et qu'il existe des procédures garantissant l'interprétation uniforme du droit de l'Union; l'adhésion à l'Union européenne exige la reconnaissance du caractère obligatoire de ces règles, dont l'observation est indispensable pour garantir l'efficacité et l'unité du droit de l'Union. (*Amtsblatt der Europäischen Union*; L 157, 48. Jahrgang, 21. Juni 2005)

Après avoir hérissé ma pensée des pieux de la restriction je puis maintenant ajouter que le concept d'amour, malgré sa fragilité ontologique, détient ou détenait jusqu'à une date récente tous les attributs d'une prodigieuse puissance opératoire. Forgé à la hâte il a immédiatement connu une large audience, et encore de nos jours rares sont ceux qui renoncent nettement et délibérément à aimer. (Houellebecq, *Extension du domaine de la lutte*, 126)

Nähesprache:

A: Tu sais quoi je n'ai pas sorti l'autre.
B: Hilton Hilton Head c'était comme ça aussi quand même.
C: Ouais.
B: Très.
C: C'était très sympathique.
B: Très. Mais je suis sûr que Martha's Vineyard aussi.
C: Absolument. Moi j'avais déjà beaucoup aimé Cape Cod.
B: Ah moi je connais pas Cape Cod.
(Waugh-Korpus)[10]

Die Distanzsprache ist vornehmlich durch die komplexe und planungsintensive hierarchische Satzverknüpfung (Hypotaxe) geprägt, wogegen in der Nähesprache die (asyndetische oder syndetische) Koordination syntaktisch gleichrangiger Sätze (Parataxe) präferiert wird (siehe die oben aufgeführten Beispiele; vgl. auch Koch/Oesterreicher 2011, 99 sowie den folgenden Auszug aus einem nähesprachlichen Korpus des Französischen, in dem alle parataktischen Einschnitte durch einen Asterisk, alle parataktischen Konjunktionen durch Fettdruck und alle hypotaktischen Konjunktionen durch Kursivdruck gekennzeichnet sind):

A: [...] il fait un froid de canard en ce moment *je regarde dans le jardin *je regarde la salade *ce matin la laitue ça fait huit huit jours *qu*'elle est sortie *elle est comme ça *elle a pas bougé du tout hein *elle bouge pas d'un poil *j'ai repiqué j'ai repiqué les tomates *ils

---

[10] Zur Konstituenz dieses Korpus s.u. in Kap. 8.

B: bien sûr y a pas de soleil
A: n'ont pas/ ils ont pas/ ça va ils sont encore verts *ils sont
C: oui ils sont
A: pas crevés hein *mais ils n'ont pas bougé *rien rien rien
C: oui oui
A: hein *tu sais hein en ce moment c'est un petit peu/ ah y a qu'une chose *que* j'ai cette année dans mon arbre *jamais j'ai vu mon abricotier aussi beau
(*Corpus d'Argenteuil* (1974); zit. bei Koch/Oesterreicher 2011, 100)

Wie die zweifache Okkurrenz der subordinierenden Konjunktion *que* in diesem Beleg zeigt, ist die Hypotaxe keineswegs auf die Distanzsprache beschränkt, und sogar mehrfache Hypotaxe ist im Nähesprechen anzutreffen (vgl. Koch/Oesterreicher 2011, 101f.):

A: je crois *que* j'étais en première *parce qu'*elle tournait pas assez *pour* euh déclencher la seconde
(Korpus von Stempel (1987); zit. bei Koch/Oesterreicher 2011, 102)

Im Falle komplexer hypotaktischer Satzgefüge scheint die Nähesprache zur Linearisierung *Basis-Entwicklung-Entwicklung*...bzw. *HS-NS1-NS2-NS3*...zu tendieren, wobei jeweils der hierarchisch höher stehende Teilsatz vor dem hierarchisch niedrigeren Teilsatz erscheint: *je crois...parce que...pour...* (ib., 102). Koch/Oesterreicher (ib., 102f.) weisen in diesem Zusammenhang auf das im gesprochenen Französisch (und anderen Sprachen, wie etwa Italienisch und Spanisch) vorkommende „polyvalente" *que* hin,[11] dass dem übereinzelsprachlichen Formulierungsprinzip *Basis-Entwicklung* entspricht, da es sich bei dem durch ein polyvalentes *que* eingeleiteten Äußerungsteil stets um die Entwicklung einer Basis handelt:

A: [...] il a été éjecté de sa voiture par le choc qu'il y a eu là *que* ça a ouvert la portière par le choc des trottoirs [...] (*Corpus d'Argenteuil* (1974); zit. bei Koch/Oesterreicher 2011, 103)

Neben der hier beschriebenen Linearisierung kommen in Nähediskursen durchaus auch dem Hauptsatz vorangestellte Nebensätze vor, wobei eine Beschränkung auf bestimmte semantische Typen gegeben zu sein scheint (Konditionalsätze, Temporalsätze und bestimmte Kausalsätze) und zudem offensichtlich das Prinzip der Ikonizität befolgt wird, denn die Abfolge NS-HS bildet hier jeweils die logisch-semantische Relation zwischen den betreffenden Teilsätzen bzw. zwischen den in ihnen bezeichneten Sachverhalten ab: Bedingung – Folge; temporale Situierung – Zustand/Ereignis; Ursache – Zustand/Ereignis (vgl. Koch/Oesterreicher 2011, 103f.).

Im Vergleich zur Distanzsprache, bei der i.d.R. allein mit sprachlichen Mitteln ein sehr hohes Maß an Explizitheit erreicht wird, erscheinen viele Sätze/Konstruktionen, die in Nähediskursen auftreten, auf den ersten Blick als „unvollständig", was darin begründet liegt, dass in der Nähesprache Äußerungen im Allgemeinen in weitaus stärkerem Maße durch kontextuelle Faktoren ergänzt bzw. gestützt werden als dies in der Distanzsprache der Fall ist. Die für Nähediskurse charakteristischen „fragmentarischen" (holophrastischen) Äußerungen erfahren durch ein Zusammenspiel von situativem Kontext, Wissenskontexten sowie nichtsprachlichen und parasprachlichen Kontextfaktoren ihre „Vervollständigung" (vgl.

---

[11] Der semantische Wert dieses spezifischen *que* ergibt sich ausschließlich aus dem Situations- und Handlungskontext (vgl. Koch/Oesterreicher 2011, 103).

Söll 1985, 54; Koch/Oesterreicher 2011, 88). In der modernen Gesprächsforschung bzw. Interaktionalen Linguistik spricht man diesbezüglich von der *Multimodalität* gesprochener Sprache (vgl. etwa Fiehler 2006, 32; Gülich/Mondada 2008, 115):

> Will man geschriebene Sprache beschreiben, so kann man sich auf die verbale Dimension beschränken. Nicht so bei der gesprochenen Sprache. Mündliche Verständigung geschieht, wenn sie unter den Bedingungen wechselseitiger Wahrnehmung erfolgt, gleichzeitig und parallel auf verschiedenen Ebenen: Sie ist multimodal. Im Prozess mündlicher Verständigung wirken die auf visuellen Wahrnehmungen und Schlüssen basierende *wahrnehmungs- und inferenzgestützte Kommunikation* mit der *körperlichen Kommunikation* und der *verbalen Kommunikation* in spezifischer Weise zusammen. (Fiehler 2006, 32; Hervorhebung im Original)

Beispiele:

> A ((hinter der Theke eines Bistros stehend, wendet sich B zu, der ihn um Wechselgeld bittet))
> B: *deux pièces de vingt* s'il vous plaît
> (Aachener Situationskorpus Französisch (Scherer 1984); zit. bei Koch/Oesterreicher 2011, 88)
>
> A, B und C schauen sich gemeinsam Urlaubsfotos an:
> A: *là* c'est bien ça hein
> B: alors *là* on l'a bien le bleu là
> C: hein oui
> A: joli hein?
> (Korpus von Jürgen Eschmann (1984); zit. bei Koch/Oesterreicher 2011, 117)
>
> A: *dingue hein ce truc*
> (Korpus von Stempel (1987); zit. bei Koch/Oesterreicher 2011, 75)

Wie die Beispiele zeigen, wird bei holophrastischen Äußerungen „[i]n äußerst sparsamer Weise [...] mit massiver Stützung durch verschiedene Kontexte nur das Allernötigste und Wichtigste versprachlicht" (Koch/Oesterreicher 2011, 89), wobei syntaktische Beziehungen keine oder nur eine untergeordnete Rolle spielen (ib.). Da derartige Äußerungen etwas Neues, in der Kommunikationssituation noch nicht Erwähntes beinhalten, sind sie in informationsstruktureller Hinsicht als isolierte Rhemata zu betrachten (ib.). In Nähediskursen begegnet häufig auch das spiegelbildliche Phänomen, d.h. das Rhema wird ausgespart und es werden lediglich thematische Elemente präsentiert, was als *Aposiopese* bezeichnet wird (ib.):

> A: [...] faut reconnaître *que dans le calcul* hein (Schnalzen)
> B: ah oui
> A: ça oui
> (*Corpus d'Argenteuil* (1974); zit. bei Koch/Oesterreicher 2011, 90)

Es darf jedoch nicht übersehen werden, dass nicht-sententiale Konstruktionen keineswegs ausschließlich der Nähesprache vorbehalten sind, sondern auch in der Distanzsprache erscheinen können, wie die beiden folgenden Beispiele aus der deutschen Literatursprache sowie der französische Internetbeleg zeigen (vgl. Redder 2006, 129f.):

> *Den ganzen Tag im Space Untitled vertrödelt, vollkommen die Zeit vergessen, immer wieder aufgestanden und den Mantel gegriffen, mich aber jedesmal wieder hingesetzt,* irgendwie lockte mich etwas zum Bleiben, vielleicht wars die Stimme, Nellys Stimme, wie vor vielen Jahren, als

ich ihr die Wohnung strich, war ich da achtzehn oder älter? ... Ja, diese Stimme, die Wörter segeln an mir vorbei, [...] (Kolb zit. bei Redder 2006, 129)

Der Tag war beständig so dunkel und klar geblieben. Und jetzt, auf der Mitte des Weges zwischen Taxham und dem Flughafenkomplex, an dem Krummen Wald – so geheißen wegen der ihn langwierig umkurvenden Landstraße –, fing es endlich, zum ersten Mal in diesem Sommer, zu regnen an. *Sofort eingebogen in einen der Waldwege und aus dem Auto gestiegen. Auf einen Baumstrunk gesetzt, mit einem Gebüsch als Dach. Einen Kiesel gegen einen entfernten Stamm geworfen: getroffen.* (Handke zit. bei Redder 2006, 129)

Comment nous aider? *En faisant* la promotion du site. [...] *En commandant* un livre [...] *En a-dhérant* à l'association [...] *En faisant* un don à l'association. [...] *En participant* activement. *En déposant* régulièrement des photos de qualité. [...] *En rédigeant* des fiches. [...] *En faisant* la promotion du site. (http://www.oiseaux.net/util/nous.aider.html; Zugriff vom 24.05.2006)[12]

Die hier behandelten „unvollständigen" Äußerungen sind von *Ellipsen* zu unterscheiden, d.h. von Auslassungen einer Satzkonstituente, die aus dem Kotext erschlossen werden kann. So wird im folgenden Beispiel *nous sommes* gedanklich ergänzt (vgl. Koch/Oesterreicher 2011, 86):[13]

A: vous êtes toutes deux de la région?
B: ah oui *du Puy même*
(Korpus von Jürgen Eschmann (1984); zit. bei Koch/Oesterreicher 2011, 86)

5.3.2 Planungsänderungen

Aufgrund der Spontaneität der Nähediskurse kommt es hier oftmals zu (abrupten) Änderungen in der syntaktischen Planung des Diskurses.

Erfolgt die Korrektur der Formulierung nicht innerhalb eines Wortes, sondern auf syntaktischer Ebene (Bruch in der Konstruktion), dann spricht man von einem (syntaktischen) *Anakoluth* (vgl. Koch/Oesterreicher 2011, 84):

je comprends/ je peux comprendre
ils n'ont pas/ ils ont pas/ ça va ils sont encore verts
(Koch/Oesterreicher 2011, 84)

Wenn die Konstruktion nicht korrigiert wird, sondern unmittelbar in eine andere übergeht, dann liegt eine *Kontamination* vor, die als Sonderfall des Anakoluths zu betrachten ist (ib.):

A: [...] il il crie pas mais je crois que ça doit être *de* sa voix aussi un petit peu *qui* doit *jouer*
(Koch/Oesterreicher 2011, 84)

---

[12] Die Verwendung des *participe présent* in solchen Kontexten ist jedoch eher selten bzw. von fragwürdiger Akzeptabilität (vgl. Arnavielle 2003, 49): „Comment était son exposé? – Manquant de netteté." (ib.).

[13] Ellipsen sind nicht dem Nähesprechen vorbehalten, sondern begegnen ebenso in Distanzdiskursen (vgl. Koch/Oesterreicher 2011, 86).

Beim *Nachtrag* beschränkt sich die Modifikation der Formulierung auf eine Veränderung der Konstituentenabfolge innerhalb der Konstruktion (ib.):

> A: [...] le plus qu'on a eu c'est soixante-dix à peu près *des abricots dessus*
> (Koch/Oesterreicher 2011, 85)

Ein weiteres Verfahren der Planungsänderung besteht darin, eine syntaktische Konstituente zwecks semantischer Präzisierung zu wiederholen:

> A: oui elle a une robe une petite robe jaune là en toile [...]
> (Koch/Oesterreicher 2011, 85)

Diese Strategie wird von Koch/Oesterreicher (ib., 85) als *Engführung* bezeichnet, der von Kiesler (1995, 383) vorgeschlagene, „plastischere" Terminus *präzisierende Wiederholung* ist jedoch vorzuziehen.

5.3.3 Segmentierungen

Die „normale", „logische" Satzgliedanordnung im Französischen ist die sog. direkte Serialisierung SVO: *Le loup a mangé l'agneau*, wobei alle Konstituenten syntaktisch vollständig integriert sind (vgl. Söll 1985, 148; Stark 1997, 1, 7). Anstelle dieser „kanonischen" Topologie begegnen im gesprochenen Französisch häufig Konstruktionstypen, die eine Konstituente außerhalb des Satzrahmens aufweisen, welche syntaktisch nicht bzw. nicht vollständig in die Folgeäußerung integriert ist, aber einen Teil der Gesamtäußerung darstellt (vgl. Stark 1997; 1999; 2008):

> *Ce garçon*, je le connais.
> *Le free-jazz*, quand je vais à un concert, je m'ennuie.
> (Stark 1997, 28, 93)

Diese als *Segmentierung* (frz. *segmentation*) bezeichneten topologischen Abweichungen, sind prinzipiell fakultativ,[14] zeichnen sich durch bestimmte diskurspragmatische Funktionen aus und sind vornehmlich, jedoch keineswegs ausschließlich, in der Nähesprache anzutreffen (vgl. Stark 1997, 262, 272, 284f.; ead. 2008, 313), wobei „als Ursprungs- und Hauptfunktionsort der spontane Dialog angenommen werden kann" (Stark 1997, 279). Ebenso wie beispielsweise auch die Rhema-Thema-Abfolge (s.u.), die fragmentarischen (holophrastischen) Äußerungen (s.o. 5.3.1) und die Nachträge (s.o. 5.3.2) gelten die Segmentierungen im Allgemeinen als expressive Syntax, die vor allem auf die für Nähesprache typische Emotionalität der Kommunikationspartner zurückgeführt wird (vgl. etwa Kiesler 1995, 389).

---

[14] D.h. das herausgestellte Element übernimmt keine syntaktische Funktion, wie Subjekt, Prädikat, Objekt usw. (vgl. Stark 2008, 313).

Im Hinblick auf die Informationsstruktur (Thema-Rhema-/Rhema-Thema-Abfolge),[15] den Grad der syntaktischen Integration in die Folgeäußerung und die semanto-pragmatischen Funktionen lassen sich verschiedene Typen von Segmentierungsphänomenen unterscheiden:

1. *Thema-Rhema*-Abfolge:

a) Bei der *Linksversetzung* (LV; *dislocation à gauche*) ist die Wiederaufnahme des dislozierten Elements in Form eines koreferenten und kongruenten Personalpronomens bzw. Klitikums obligatorisch und zudem lässt es sich an der Argumentstelle, an der es durch die pronominale Reprise vertreten wird, syntaktisch wieder einfügen (vgl. Stark 1997, 28, 31; zum Terminus *Kongruenz* s.u. 5.3.4):

Le loup, *il* a mangé l'agneau.
Ton frère, je *le* connais.
(Söll 1985, 149)

Die dislozierte Konstituente kann im Französischen ganz unterschiedlichen Kategorien angehören: Nominalphrasen (Substantivgruppen, einfache Substantive, starktonige Pronomen), Präpositionalphrasen, Infinitive, Gliedsätze, Adverbien und prädikative Adjektive. Was die syntaktischen Funktionen anbelangt, so werden im Französischen überwiegend Subjekte herausgestellt, seltener direkte Objekte (vgl. Stark 2008, 313).

b) Die als *Freies Thema* (*thème détaché*, auch: *hanging topic*; *nominativus pendens*) bezeichnete Herausstellungsstruktur unterscheidet sich von der Linksversetzung vor allem dadurch, dass die beiden Eigenschaften *Obligatheit der pronominalen Wiederaufnahme* und *Kongruenz mit einem koreferenten Element in der Folgeäußerung* als konstitutive Eigenschaften wegfallen (vgl. Stark 1997, 28, 31, 280):

Mon malheureux cousin, je *lui* ai offert un beau livre.
(Söll 1985, 149)

Darüber hinaus lassen sich weitere Distinktionskriterien anführen: Beim Freien Thema lassen sich mit der herausgestellten Konstituente koreferente Elemente in der Folgeäußerung fokussieren (z.B. mittels *Cleft*-Konstruktionen), was bei Linksversetzungen nicht möglich ist (vgl. Stark 1997, 32):

Marie, c'est *d'elle* qu'ils ont parlé.
*A Georges, c'est *à lui* que j'ai écrit.
(Stark 1997, 32)

Linksversetzungen sind samt ihrer Folgeäußerung einbettbar („enchâssable"), was für Freie Themen nicht gilt (ib., 31f.):

Tout le monde sait que *de ce film*, on va *en* parler.

---

[15] Hiermit ist die Gliederung von Sätzen in *Satzgegenstand*/*Thema* („das, worüber etwas ausgesagt wird") und *Satzaussage*/*Rhema* („das, was darüber ausgesagt wird") und deren Reihenfolge im Satz gemeint. Anstelle von *Thema* und *Rhema* werden in diesem Sinne in der Literatur häufig auch die Termini *topic* und *comment* verwendet.

*Tout le monde sait que *Paul*, tu sors avec *lui*.
(Stark 1997, 31f.)

c) Im gesprochenen Französisch begegnet ferner häufig eine „Mischform" aus Freiem Thema und Linksversetzung (vgl. Stark 1997, 31 Fußn. 159, 33):

Proust, ce que je veux *en* citer, c'est une phrase célèbre.
(Stark 1997, 33)

Wie beim Freien Thema ist das herausgestellte nominale Element hier nicht mit dem Klitikum (*en*) kongruent, gleichzeitig ist die Folgeäußerung eingebettet, was nur bei Linksversetzungen möglich ist (ib., 33).

Die in a)–c) beschriebenen Phänomene, die von Stark (1997; 2008) als *Herausstellungsstrukturen* bezeichnet werden, sind vor allem durch die folgenden Eigenschaften charakterisiert: fehlende vollständige syntaktische Integration in die Folgeäußerung (lediglich eine Teil-Integration ist möglich, wie z.B. durch Intonation oder koreferente Pronomina) und prinzipielle Fakultativität (s.o.; Stark 1997, 7). Aus funktionaler Perspektive handelt es sich um übereinzelsprachliche, insbesondere in der Nähesprache beheimatete Mittel der *topic-comment*-Gliederung, die vor allem der Einführung „neuer" Diskursreferenten als *topics* (*topic-shifting*) dienen (vgl. Stark 1997, 280; ead. 2008, 313).

d) Als spezifischer Sonderfall der Herausstellungsstrukturen können die syntaktisch in noch höherem Maße isolierten *Voranstellungsstrukturen* betrachtet werden, da diese in der Folgeäußerung – wie die Beispiele unten zeigen – auch keine pronominale Entsprechung mehr aufweisen können (vgl. Stark 2008, 313f.). Es lassen sich die drei folgenden Subtypen unterscheiden (ib., 314; ead. 1997):

d-1) *nicht wiederaufnehmbare Freie Themen* (Freie Themen *ohne* koreferente Elemente in der Folgeäußerung):

votre sucre, on dirait de la neige
(Stark 2008, 314)

Das intonatorisch meist klar isolierte Freie Thema kann bei diesen Konstruktionen nicht durch ein koreferentes Element in der syntaktisch vollständigen Folgeäußerung repräsentiert werden, es ist nicht wiederaufnehmbar (vgl. Stark 1997, 8). Diese Eigenschaft erlaubt eine Abgrenzung sowohl gegenüber den Freien Themen, die teilweise wiederaufnehmbar sind (s.o. unter b), als auch gegenüber Topikalisierungen (Vorfeldbesetzungen durch i.d.R. valenzabhängige Elemente bei formal unvollständigen Folgeausdrücken), wie in folgendem Beispiel zu sehen ist (ib.):

Les soirées à l'opéra, je connais.
(Stark 1997, 8)

Hier könnte in der Folgeäußerung das mit der initialen NP koreferente Objektpronomen *les* ergänzt werden (...*je les connais*) (ib.).

d-2) Die *TDc'est*-Konstruktion (*thème détaché c'est*):
Bei diesem im gesprochenen Französisch sehr häufigen Konstruktionstyp ist die vorangestellte Konstituente syntaktisch sowie intonatorisch relativ eng an die Folgeäußerung ge-

bunden, die immer durch *c'est* eingeleitet wird und somit auf einen Sachverhalt referiert, der im Prätext versprachlicht wurde (vgl. Stark 2008, 314). Aus funktionaler Sicht lassen sich zwei Subtypen auseinanderhalten:

– *TDc'est*-Konstruktionen, die hinsichtlich eines vorerwähnten Sachverhalts, meist das *discourse topic*,[16] prädiziert werden, wobei auf *c'est* im Prädikativ eine Alternative, ein spezieller Einzelfall folgt (vgl. Stark 1997, 88):

> Il travaille le soir / *elle c'est le matin*, il n'y a que le matin
> (Stark 1997, 88)

Das Element *c'est*, das hier das getilgte Prädikat einer koordinativen Konstruktion ersetzt, könnte auch weggelassen werden (ib.).

– *TDc'est pareil*-Konstruktionen, die auf kontrastive Kontexte spezialisiert sind (ib.):

> Moi, chez moi c'étaient toujours les les garçons. Ils pouvaient aller où ce qu'ils voulaient, bien sûr [...] les filles, chez moi euh...enfin *moi, c'est pas encore la même chose*, parce que moi je me défends. (Stark 2008, 314)

> Del: Et je pe-, je pense que justement les pour les enfants allemands ce ne sont pas des euh...des contes euh, enfin, mais des dessins animés euh qui sont filmés par Walt Disney...
> X: Oui...qui sont filmés par Walt Disney.
> M: Alors voilà, alors que ça, en reálité [sic]...
> P: Alors Cendrillon et Blanche-Neige parce que ça a été tourné par, à Walt Disney, c'est passé chez nous. Mais en dehors de Cendrillon et Blanche-Neige non.
> A: La Belle...Mais si, *la Belle au Bois dormant, c'est la même chose.* La Belle au Bois dormant... (Stark 1997, 89)

Auch bei diesen Konstruktionen verweist (das in *c'est* enthaltene) *cela* auf einen bereits genannten Sachverhalt. Doch im Unterschied zu den *TDc'est*-Konstruktionen bezeichnet das Prädikativ (das ausschließlich in Form von Adjektiven und NP wie *pareil, la même chose, comme ça* etc. erscheinen kann) hier keinen Einzelfall, sondern bringt zusammen mit *c'est* zum Ausdruck, dass das *discourse topic* für den Referenten der *TDc'est*-Konstruktion gültig/nicht gültig ist bzw. dass dieser von dem zuvor Gesagten betroffen/nicht betroffen ist (vgl. Stark 1997, 88f.).

d-3) Ein noch geringeres Maß an syntaktischer Anbindung an die Folgeäußerung weist die *absolute Rahmensetzung (cadre absolu)* auf:

> Oh oeuh, mais tu sais, *l'métro*, avec la Carte Orange, tu vas n'importe où.
> (Stark 2008, 314)

Hier ist die satzgliedfähige, syntaktisch fakultative Konstituente *l'métro* einer vollständigen satzförmigen Äußerung vorangestellt, „die keinerlei mit dieser Konstituente koreferente Elemente enthält und mit der sie in einer rein semanto-pragmatisch beschreibbaren und rekonstruierbaren Relation steht" (Stark 2008, 314). Die weitgehende Isolierung der voran-

---

16 Mit *discourse topics* sind Gegenstände einer längeren Diskurs- oder Texteinheit gemeint (vgl. Stark 1997, 39f.): „that thing which a segment of discourse larger than the sentence is about, i.e. about which it supplies information" (Barnes (1985) zit. bei Stark 1997, 40).

gestellten Konstituente zeigt sich zudem darin, dass sie durch einen eigenständigen Tonhöhenverlauf mit nachfolgender Pause gekennzeichnet ist und sich – im Gegensatz zu den Herausstellungsstrukturen – nicht in die Folgeäußerung einfügen lässt (ib.). Ein weiterer Unterschied zu den Herausstellungsstrukturen ergibt sich unter funktionalem Gesichtspunkt, denn die Hauptfunktion dieser Voranstellungsstruktur besteht nicht darin, den Gegenstand einer Äußerung, das *topic*, zu markieren (in obigem Beispiel: *la Carte Orange*), sondern einen inhaltlichen oder metakommunikativen Rahmen für die Folgeäußerung anzugeben („a temporal, spatial, or individual framework"), wofür Stark die Bezeichnung *TOPIC* vorgeschlagen hat (vgl. Stark 1997, 40, 281; ead. 2008, 314).

2. *Rhema-Thema*-Abfolge:

Außer den bisher behandelten Segmentierungsphänomenen, die allesamt eine *Thema-Rhema*-Abfolge aufweisen, liegt mit der *Rechtsversetzung* (RV; *dislocation à droite*) eine Segmentierung mit *Rhema-Thema*-Abfolge vor, die im Unterschied zur Linksversetzung und zum Freien Thema am rechten Satzrand zu lokalisieren ist:

Je *le* connais, *ce garçon*.
(Stark 2008, 313)

A: […] et les Allemands tu crois qu'ils *en* ont pas *des facs*?
(Koch/Oesterreicher 2011, 96)

Rechtsversetzungen treten im gesprochenen Französisch wesentlich seltener auf als die recht häufigen Linksversetzungen (vgl. Stark 2008, 313). Die RV unterscheiden sich von den LV vor allem in intonatorischer und informationsstruktureller Hinsicht: RV weisen im Gegensatz zu den LV eine markante intonatorische Markierung mit quasi-parenthetischer Kontur auf und dienen vor allem der Kodierung vorerwähnter *topics* sowie der Disambiguierung des pronominal indizierten Referenten (ib.).

5.3.4   Toleranz gegenüber grammatischer Unkorrektheit

Der Terminus (grammatische) *Kongruenz* meint, dass zwischen zwei oder mehreren syntaktischen Elementen Übereinstimmung besteht im Hinblick auf ihre morpho-syntaktischen Kategorien (Kasus, Person, Numerus, Genus) (vgl. Bußmann 1990, s.v). In Distanzdiskursen, die sich ja gegenüber Nähediskursen dadurch auszeichnen, dass die Sprecher der Formulierung ihrer Äußerungen ein sehr hohes Maß an Aufmerksamkeit schenken, wird die Kongruenz i.d.R. beachtet. In den durch sehr viel weniger Planungszeit gekennzeichneten spontanen Nähediskursen kommt es oftmals zu Verstößen gegen diese Kongruenzregeln, so wie etwa in folgendem Beleg in Bezug auf die Kategorie *Genus* (vgl. Koch/Oesterreicher 2011, 82):

j'ai repiqué les *tomates ils* n'ont pas/ *ils* ont pas/ ça va *ils* sont encore vert*s*
(zit. bei Koch/Oesterreicher 2011, 82)

Neben solchen Kongruenz-„Fehlern", die aus der nicht ausreichend vorhandenen Planungszeit bzw. der Spontaneität resultieren, gibt es die unter der Bezeichnung *constructio ad sen-*

sum ('Sinnkongruenz') bekannte Erscheinung, womit die Nichtbeachtung der Numerus-kongruenz bei Kollektivbezeichnungen gemeint ist, die semantisch zu erklären ist (ib., 83):

A: y avait une soirée de danse
B: oui…oui…ah oui (xxx) *tout le monde sont* bien amusés j'ai l'impression […]
(Korpus *Echantillon de textes libres* (1973–1981); zit. bei Koch/Oesterreicher 2011, 83)

5.3.5 Eingeschobene Frage-Antwort-Sequenzen

Kiesler (1995, 388f.) nennt als weiteres allgemeines (übereinzelsprachliches) Merkmal der Syntax der Alltagssprache, den von Koch/Oesterreicher (1990; 2011) nicht erwähnten Einschub einer Frage-Antwort-Sequenz in eine andere, d.h. auf eine Frage wird zunächst eine Gegenfrage gestellt und die Beantwortung der ersten Frage erfolgt erst, nachdem die zweite Frage beantwortet ist (vgl. Kiesler 1995, 388f.):

A: Je fais une boum…Vous pouvez venir?
B: *C'est à quelle heure?*
A: *De huit heures à…(geste large)*
B: Ouais…Peut-être…[…]
(Kiesler 1995, 389; die Notation wurde geringfügig verändert)

Es ist fraglich, ob solche eingeschobenen Frage-Antwort-Sequenzen in der Distanzsprache gänzlich fehlen oder ob diesbezüglich zwischen Nähe- und Distanzsprache lediglich ein frequentieller, affinitätsbedingter Unterschied besteht. Letzteres ist für die von Kiesler (ib., 389) ebenfalls als typisch umgangssprachlich eingestuften Ausrufesätze anzunehmen, denn es ist davon auszugehen, dass Exklamativsätze mitunter auch in Distanzdiskursen Verwendung finden, beispielsweise als rhetorisches Mittel in politischen Reden.

5.4 Semantisch-lexikalischer Bereich

Bei der Behandlung der allgemeinen textuell-pragmatischen und syntaktischen Merkmale des gesprochenen Französisch haben wir gesehen, dass die Sprecher dazu tendieren, den Formulierungsaufwand zu minimieren beziehungsweise sparsame Versprachlichungsstrategien vorziehen. Wie im Folgenden zu sehen sein wird, ist eine entsprechende Neigung erwartungsgemäß auch im semantisch-lexikalischen Bereich vorhanden (vgl. Koch/Oesterreicher 2011, 105). Im Unterschied zum textuell-pragmatischen und syntaktischen Bereich wird im semantisch-lexikalischen Bereich in der Nähesprache mitunter aber auch ein *erhöhter* Formulierungsaufwand betrieben, was vor allem auf bestimmte, typisch nähesprachliche Kommunikationsbedingungen, wie starke emotionale Beteiligung und Vertrautheit der Gesprächspartner, zurückzuführen ist (ib.).

5.4.1   Wort-Iterationen

Auf ein und denselben Gegenstand kann im Rahmen eines Diskurses mittels ganz unterschiedlicher sprachlicher Zeichen referiert werden, d.h. der Textproduzent verfügt diesbezüglich je nach Einzelfall über einen mehr oder weniger großen Formulierungsspielraum (vgl. Koch/Oesterreicher 2011, 105). So kann im aktuellen Diskurs beispielsweise auf die Stadt *Wien* mit folgenden Zeichen verwiesen werden: *Wien, dort, (in) Dings, die Donaumetropole, die Hauptstadt Österreichs* usw. (ib.). In der Distanzsprache streben die Sprecher nach *syntagmatischer Lexemvariation*, d.h. die *type-token*-Relation ist tendenziell ausgewogen (ib., 107). In der spontanen Alltagssprache hingegen wird ein Referent oftmals über weite Strecken immer wieder mit demselben Lexem bezeichnet, wodurch sich sog. *Wort-Iterationen* ergeben, d.h. die *type-token*-Relation ist hier niedrig (viele *tokens* für einen *type*) (ib., 107f.):

A: qu'est-ce que c'est que son histoire de *chaise* là
B: […] oui bon
A: la *chaise* d'enfant?
B: ((Zungenschnalzen)) la *chaise* d'enfant oui
C: oui
A: ah le truc là ouais
B: ma *chaise* d'enfant qui est ma *chaise* à
C: oui
A: ouais ((Lachen))
B: moi qu'on m'a offert quand on/ j'étais tout jeune hein bon cette *chaise*-là qui a servi a toute la
C: ((Lachen))
A: ouais
B: famille hein c'est-à-dire Maryse et tout le restant
(Korpus von Ralph Ludwig (1988); zit. bei Koch/Oesterreicher 2011, 106)

5.4.2   *Passe-partout*-Wörter

Eines der prominentesten Merkmale nähesprachlicher Semantik besteht darin, dass auf spezifische Referenten mit Lexemen verwiesen wird, die diesen nur allgemeinste semantische Merkmale, wie „Objekt", „menschlich", „Handlung" etc. zuschreiben können, weshalb sie als „Allerweltswörter" beziehungsweise *passe-partout*-Wörter bezeichnet werden. Sie verbinden eine minimale Intension (inhaltliche Bestimmtheit; Bedeutungsinhalt) mit einer maximalen Extension (große Zahl an Denotaten; Bedeutungsumfang), siehe etwa: *truc, machin, chose, type, mec, faire* usw. (vgl. Koch/Oesterreicher 2011, 108 sowie Campione et al. 2005, 126ff.). Die eindeutige Identifizierung der Referenzobjekte wird in der konkreten Kommunikationssituation durch die starke Einbettung dieser *passe-partout*-Wörter in den Situations- und Handlungskontext ermöglicht. Diese besonderen Ausdrucksmittel sind jedoch keineswegs völlig beliebig verwendbar, sondern sie sind i.d.R. einzelnen fundamentalen semantischen Kategorien vorbehalten (mit einzelsprachlichen Unterschieden) (vgl. hierzu sowie zum Folgenden Koch/Oesterreicher 2011, 108–114):

Kategorie „menschlich":

> A: alors là c'est Crikvenica regardez l'illusion on a l'impression que ce *type* est en train de se déculotter gentiment et en/ et sous la douche […]
> (Korpus von Jürgen Eschmann (1984); zit. bei Koch/Oesterreicher 2011, 109)

Kategorie „unbelebt":

> A: […] mais qu'est-ce que t'as or/ oreilles d'abric/ oreillons d'abricots au sirop? ah parce que ça se mange avec
> B: eh ben oui
> A: du *machin*
> (Korpus von Ralph Ludwig (1988); zit. bei Koch/Oesterreicher 2011, 110)

Kategorie „Tun/Handlung":

> A: c'est drôle qu'on ait pas encore *fait* une gare dans ce coin-là y a pas encore une gare de construit […]
> (*Corpus d'Argenteuil* (1974); zit. bei Koch/Oesterreicher 2011, 110)

Die starke Präsenz von *passe-partout*-Wörtern in der Nähesprache ist jedoch keineswegs mit einem generellen Mangel an lexikalischer Variation gleichzusetzen, denn in bestimmten Domänen beziehungsweise Teilbereichen (siehe etwa die argotischen Register des Französischen) sticht die Nähesprache gerade durch eine große lexikalische Variabilität hervor (vgl. Koch/Oesterreicher 2011, 113).

5.4.3 Häufiger Gebrauch von Deiktika

Ebenso wie die *passe-partout*-Wörter haben auch die Deiktika, wie z.B. *ce*, *là*, *celui-là* usw., nur eine sehr geringe semantische Intension (Bedeutungsinhalt). Während erstere jedoch als Wortschatzeinheiten dem *Symbolfeld* der Sprache zuzuordnen sind, gehören letztere zum *Zeigfeld* der Sprache (vgl. Koch/Oesterreicher 2011, 116). In Nähediskursen treten beide Ausdrucksmittel häufig kombiniert auf: *on a l'impression que **ce type** est en train de se déculotter gentiment* (ib.). Neben dem geringen Bedeutungsinhalt ist es insbesondere die Zeigefunktion der Deiktika (über die *passe-partout*-Wörter nicht verfügen), die sie für einen Einsatz in der Nähesprache geradezu prädestiniert, da diese Funktion bei außendeiktischer Verwendung eine sparsame Versprachlichung, aber dennoch eine genaue Identifizierung des Referenten ermöglicht (ib., 116f.). Betrachten wir hierzu ein Beispiel!
Situativer Rahmen: gemeinsames Betrachten von Urlaubsfotos:

> A: *là* c'est bien ça hein
> B: alors *là* on l'a bien le bleu là
> C: hein oui
> A: jolie hein?
> B: oh
> C: alors *ça* c'est une pin up qui m'appartient
> D: ah oh
> A: comment?

B: alors c'était où *ça?*
C: juste un petit peu
D: un petit peu
(Korpus von Jürgen Eschmann (1984); zit. bei Koch/Oesterreicher 2011, 117)

Die Deiktika können auch Expressivität vermitteln und dem Produzenten dabei gleichzeitig die Rekurrenz auf zusätzliche lexikalische Formulierungen ersparen (vgl. Koch/Oesterreicher 2011, 119). Bei dieser Verwendungsweise sind die Deiktika jedoch auf die Stütze durch para- und/oder nichtsprachliche Kontextfaktoren angewiesen. So ist etwa im folgenden Korpusauszug davon auszugehen, dass der deiktische Ausdruck „comme ça" durch eine bestimmte Geste begleitet wird (ib., 119f.):

A: [...] bon ben c'était presque le dernier jour aujourd'hui puisque demain je vais chez le dentiste avec mes
B: ouais la bibliothèque
A: anesthésies je repars avec une tête *comme ça* avec une tête
B: fermait
A: *comme ça* [...]
(Korpus von Ralph Ludwig (1988); zit. bei Koch/Oesterreicher 2011, 120)

5.4.4   Expressiv-affektive Ausdrucksmittel

Oben in 1.1 haben wir bereits gesehen, dass starke emotionale Beteiligung der Gesprächspartner ein Charakteristikum nähesprachlicher Kommunikation ist. Dabei lassen sich zwei Aspekte unterscheiden: Die Emotionalität kann sich auf den Gesprächspartner beziehen (*Affektivität*) und/oder auf den Gesprächsgegenstand (*Expressivität*) (vgl. Koch/Oesterreicher 2011, 7, 120f.). Der Aspekt der Affektivität impliziert, dass die Kommunikationspartner das zwischen ihnen bestehende (positive oder negative) emotionale Verhältnis bzw. ihre Vertrautheit/Nicht-Vertrautheit zum Ausdruck bringen. Die Expressivität bezieht sich vor allem auf bestimmte emotional besetzte Themengebiete der alltagsweltlichen Realität (ib., 120f.):

a) Gefühle und Bewertungen (Liebe, Hass, Freude, Ärger, Angst, Glück, Unglück etc.);
b) Hoffnungen, Planungen, Vorhaben;
c) auffällige Intensitäten und Quantitäten (Menge, Zeit, Raum);
d) Lebensgrundlagen (Essen, Trinken, Sexualität, Tod, Krankheit, Wetter, Arbeit, Geld, Zerstörung, Kampf usw.);
e) das Fremde (gegenüber dem Eigenen): Völker, physische Eigenschaften, kulturelle Unterschiede, Lebensgewohnheiten.

Bei der Behandlung dieser Themen kommen im Nähesprechen typischerweise sprachliche Ausdrucksverfahren zum Einsatz, die stark emotional gefärbt sind und dazu dienen, Auffälligkeit zu erzielen, um so die Darstellung zu „verstärken" oder anschaulicher („drastischer") zu gestalten (ib., 121). Hierzu werden nicht nur lexikalische, morphologische und syntaktische Mittel genutzt (s.u.), sondern auch die beiden semantischen Relationen *Kontiguität* und *Similarität* (ib., 122). Wenn zwei Elemente (A, B) in einer Kontiguitätsrelation stehen, dann bedeutet dies, vereinfacht ausgedrückt, dass A (in irgendeiner Form) mit B zu tun hat. Kontiguitätsrelationen sind beispielsweise die folgenden: Autor-Werk-Relationen (z.B. *Goethe lesen*), Gefäß-Inhalt-Relationen (z.B. *ein Glas trinken*), Material-Produkt-Relationen (z.B. *einen Nerz tragen*), Institution-Gebäude-Relationen (z.B. *die Universität betreten*), Handlung-Handelnder-Relationen (z.B. *die Bedienung rufen*) etc. (vgl. Pöckl et al. 2003, 40; Bußmann 1990, s.v.). Die Beziehung der *Similarität*, bei der es sich ebenso wie bei der Kontiguität um ein Aristotelisches Prinzip handelt, bedeutet, dass zwischen A und B eine Ähnlichkeit besteht.

Auf der semantischen Beziehung der Kontiguität basiert die Erscheinung der *Metony-mie*, bei der ein Ausdruck A durch einen mit diesem durch eine Kontiguitätsrelation ver-bundenen Ausdruck B ersetzt wird. Im Nähesprechen wird die Metonymie häufig als auf-fälligkeitserzeugende Strategie eingesetzt (vgl. Koch/Oesterreicher 2011, 122):

> A: [...] ils vont me faire ils vont me faire bosser ils vont pas me faire euh ils vont pas me faire *re-garder* euh *le bleu du ciel* euh pendant pendant quatre semaines
> (Korpus von Ralph Ludwig (1988); zit. bei Koch/Oesterreicher 1990, 116)

Eine weitere semantisch-lexikalische „Figur", auf die in Nähediskursen sehr oft zwecks „Verstärkung" bzw. Steigerung der Anschaulichkeit zurückgegriffen wird, ist die auf einer Similaritätsbeziehung beruhende *Metapher*, bei der der Name eines Objekts (oder einer Handlung) auf ein anderes übertragen wird, das diesem auf irgendeine Weise ähnlich ist bzw. vom Sprecher als ähnlich betrachtet wird, wie etwa bei *Maus* (Nagetier) und *Maus* (Computermaus) oder dem Ausdruck „der Himmel weint" für „es regnet" (vgl. Koch/Oesterreicher 2011, 123; Pöckl et al. 2003, 40; Bußmann 1990, s.v.):

> A: [...] je t'ai regardé nager tu fais plus de quinze mètres quand même oui
> B: oui (xxx) mettons mais enfin je fais pas une nageuse euh non ah non
> C: oui pas aller vers la haute mer pour euh vraiment
> A: ah oui c'est vrai?
> B: et toi?
> C: oh moi non plus oh là là *un vrai caillou* moi
> A: ((Lachen))
> (*Corpus d'Argenteuil* (1974); zit. bei Koch/Oesterreicher 2011, 123)

Auf der Similaritätsrelation gründet sich auch der zwecks „Verstärkung" verwendete *Ver-gleich* (ib., 124):

> B: [...] Donc il a appris les bras d'abord, les jambes ensuite. A s'allonger le plus possible sur l'eau pour être plat. A plat sur *comme une planche* pour bien flotter [...]
> (Beeching-Korpus, Gespräch Nr. 41)

Als weitere affektiv-expressive Versprachlichungsstrategien, die im gesprochenen Franzö-sisch der „Verstärkung" bzw. Erhöhung der Anschaulichkeit dienen, sind darüber hinaus vor allem zu nennen:

Adjektiv-Substantiv-Verbindungen, die die Funktion von Diminutiv-, Augmentativ-, Pe-jorativ- und weiteren Modifikationssuffixen übernehmen (die im modernen Französisch im Gegensatz beispielsweise zum Spanischen und Italienischen weitestgehend fehlen) (vgl.

Koch/Oesterreicher 2011, 125f.): *qu'est-ce qu'il fait celui-là le **pauvre malheureux*** (ib., 126);

expressive Wiederholungen, wie beispielsweise in: *avec une tête comme ça avec une tête comme ça* (ib.);

generalisierende Verwendung der 2. Person Singular (ib., 128):

> A: si *t'achètes* un bon bout de macreuse eh ben *tu veux* de la bonne macreuse *tu la payes* quand même/ hein faut compter quand même
> B: oui
> A: huit à neuf cents Francs le kilo de la bonne macreuse
> B: bien sûr
> (*Corpus d'Argenteuil* (1974); zit. bei Koch/Oesterreicher 2011, 128)

Wie von Koch/Oesterreicher (2011, 126) hervorgehoben wird, stellen die vom Textproduzenten angestrebte Verstärkung und Anschaulichkeit keinen Selbstzweck dar, sondern vielmehr zielt der Sprecher damit auf bestimmte Effekte ab: „[s]ie markieren Geltungsansprüche, stützen Argumente, helfen dem Rezipienten, den Wert der Äußerung – Spaß, Ironie, Entschuldigung, Vorwurf etc. – zu erfassen" (ib.).

Freilich sind die hier behandelten Phänomene, wie Metonymie, Metapher, Vergleich, Wiederholung etc., nicht ausschließlich der Nähesprache vorbehalten, sie stellen jedoch Verfahren dar, die zur Explizierung der für Nähesprache typischen Affektivität und Expressivität besonders gut geeignet sind (ib., 128).

5.5   Lautung

Im phonischen Code wird bei kommunikativer Nähe eine nachlässige Artikulation begünstigt, während die Sprecher bei kommunikativer Distanz auf eine möglichst exakte Produktion der Lautkörper achten (vgl. Koch/Oesterreicher 2011, 129f.). In allen Sprachen lassen sich Divergenzen bezüglich der lautlichen Realisierung sprachlicher Zeichen feststellen, die keine *lapsus linguae* darstellen, sondern sich aus der je unterschiedlich hohen Sprechgeschwindigkeit ergeben (ib., 130). Die bei eher langsamem Sprechtempo sorgsam artikulierten Sprachzeichen werden als *Lentoformen* bezeichnet, für die bei erhöhter Sprechgeschwindigkeit nachlässig realisierten und daher eine gewisse Schrumpfung des Lautkörpers aufweisenden Zeichen werden die Termini *Allegro-* bzw. *Prestoformen* verwendet (ib.).

Bei den Allegro-/Prestoformen lassen sich unterschiedliche Spielarten unterscheiden (vgl. Koch/Oesterreicher 2011, 131; Blanche-Benveniste 2003, 322):

a) Schwund einzelner Konsonanten: [Reai'ze] statt [Reali'ze] (*réaliser*); [mɛ̃nã] statt [mɛ̃tnã] (*maintenant*);

b) Tilgung von Silben am Wortanfang (Aphärese): [fɛ̃] statt [ãfɛ̃] (*enfin*);

c) Ausfall von Silben am Wortende (Apokope): [kat] statt [katRə] (*quatre*);

d) Elision von Silben im Wortinnern (Synkope):[17] [vla] statt [vwala] (*voilà*).

Die einzelnen Schwundphänomene können auch in Kombination auftreten: *peut-être* [ptɛt], *parce que* [pask] (vgl. Blanche-Benveniste 2003, 322).

Die auf diese Weise entstehenden Schrumpfformen beeinträchtigen im Nähesprechen die Kommunikation im Allgemeinen nicht, da das informatorische Defizit der Zeichen durch den Kontext (Einbindung in den Situations- und Handlungskontext; gemeinsame Wissensbestände u.ä.) kompensiert wird (vgl. Koch/Oesterreicher 2011, 132).

Aufgaben

1. Suchen Sie in dem unten in Kap. 8 wiedergegebenen Korpusauszug nach *allgemeinen* (kommunikationsbedingten) Merkmalen phonischer Nähesprache auf der textuell-pragmatischen, syntaktischen und semantisch-lexikalischen Ebene.
2. Erläutern Sie anhand eines Vergleichs des Korpusauszugs des phonisch-nähesprachlichen Französisch (s.u. Kap. 8) mit der sog. „literarisch-fingierten Mündlichkeit", wie sie in französischen Prosawerken zu finden ist, wodurch sich diese beiden Formen von Oralität unterscheiden.
3. Kontrastieren Sie den unten in Kap. 8 wiedergegebenen *Crédif*-Korpusauszug mit der ersten Gesprächsaufnahme, die in dem oralen Französisch-Korpus von Kate Beeching enthalten ist (<http://www.uwe.ac.uk/hlss/llas/iclru/corpus.pdf>; Zugriff vom 19.07.2011), unter dem Gesichtspunkt des Grades der Nähesprachlichkeit und orientieren Sie sich dabei an den von Koch/Oesterreicher (2011) genannten Parametern (s.o. 1.1).
4. Sind aktuelle nähe- bzw. distanzsprachliche Diskurse kategorisch einheitlich in Bezug auf ihre Nähe- bzw. Distanzsprachlichkeit? In welchen Kontexten ist ein abrupter Wechsel von informellem zu formellem Duktus (und umgekehrt) denkbar?

---

[17] Diese häufig auftretende Erscheinung wird von Koch/Oesterreicher (1990; ²2011) erstaunlicherweise nicht erwähnt.

6. Historisch-kontingente Merkmale des gesprochenen Französisch

Im Unterschied zu den oben in Kap. 5 behandelten Merkmalen des gesprochenen Französisch, die auf die besonderen Kommunikationsbedingungen mündlicher Nähesprache zurückzuführen sind, stellen die im Folgenden präsentierten Phänomene einzelsprachspezifische, historisch-kontingente Charakteristika des *français parlé* dar (s.o. 1.1). Das heißt nun aber keineswegs, dass analoge Strukturen in keiner anderen Sprache der Welt vorkommen (s.o. 1.1; außerdem ist in diesem Zusammenhang zu betonen, dass die Zahl der gründlich erforschten Sprachen nach wie vor nicht sehr groß ist (vgl. Haspelmath 2002, 282) und dass ständig neue Sprachen entdeckt werden). Entscheidend ist, dass die im Folgenden präsentierten Erscheinungen des gesprochenen Französisch nicht (primär) aus den allgemeinen Kommunikationsbedingungen der Nähesprache resultieren, sondern historisch „gewachsen" sind.

Bezüglich der historisch-kontingenten Merkmale des gesprochenen Französisch wird in Anlehnung an Koch/Oesterreicher (1990; ²2011) differenziert zwischen *unmarkierten* Phänomenen (nähesprachliches bzw. gesprochenes Französisch *im engeren Sinne*; s.o. in 1.1 die Variationsebene 1b in Abb. 1) und diastratisch und/oder diaphasisch (als niedrig) *markierten* Erscheinungen (gesprochenes Französisch (Nähesprache) *im weiteren Sinne*; s.o. in 1.1 die Variationsebenen 2 und 3 in Abb. 1). Auf eine systematische Erfassung der diatopisch markierten Erscheinungen im *français parlé* wird aus den oben in 1.1 genannten Gründen verzichtet.

6.1 Diasystematisch *unmarkierte* Merkmale des *français parlé*

Im Bereich der Lautung sind im gesprochenen Französisch keine Merkmale anzutreffen, die diasystematisch *unmarkiert* sind, d.h. die keine diatopische, diastratische oder diaphasische Markierung aufweisen. Entgegen der Auffassung von Koch/Oesterreicher (2011, 165) ist die Realisierung des *e caduc* diaphasisch und diastratisch bedingt (s.u. 6.2.1.1). Da es auch im Wortschatz des *français parlé* keine Elemente gibt, die sich zweifelsfrei als diasystematisch unmarkiert einstufen lassen (vgl. Koch/Oesterreicher 2011, 181), beschränken sich die hier zu behandelnden Phänomene auf den morphosyntaktischen Bereich.

6.1.1 *Ça* und *cela*

In der Forschung wird davon ausgegangen, dass *ça* als Allegroform zu *cela* in Kontexten schnellen Sprechens aufkam, in schriftlichen Texten begegnet die Kurzform seit dem 17. Jh. (vgl. Krassin 1994, 119). Korpusbasierte Untersuchungen zeigen, dass *ça* in der gesprochenen Sprache sehr viel häufiger verwendet wird als *cela* (vgl. hierzu auch unten) und dass dies auch für die literarisch-fiktive Sprechsprache (Dialoge) gilt. Zudem ist *ça* auch in narrativen Passagen von Prosatexten verbreitet (vgl. Krassin 1994, 119ff.). Nach Koch/Oesterreicher (2011, 167) erscheint im gesprochenen Französisch anstelle von *cela* [sla] „praktisch ausschließlich" *ça* [sa]. Dass dieser Befund sich nicht aufrechterhalten lässt, zeigt die statistische Auswertung von drei nähesprachlichen Korpora:[1]

	CREDIF:	Beeching:	Waugh:
ça:	4787	1776	960
cela:	45	79	7

Zwar ergibt sich für alle drei Korpora eine sehr markante Präferenz für die Form *ça*, doch sind die Okkurrenzen von *cela* im Korpus von Beeching, die immerhin einem Anteil von 4% entsprechen, zu zahlreich, um von einer *quasi-exklusiven* Verwendung von *ça* im *français parlé* sprechen zu können.

Die Ausdehnung des Gebrauchs von *ça* wird von Krassin (1994, 118f., 124) primär dadurch erklärt, dass es sich um ein *passe-partout*-Wort handelt, das mehrere unterschiedliche Funktionen, vom Demonstrativpronomen bis hin zum neutralen Personalpronomen, übernimmt, was es in besonderem Maße für den Einsatz in der Sprechsprache prädestiniert:

a) *Ces ennuis, ça vous suit partout* (konkret-demonstrativischer Charakter)
b) *Ça se voit* (hier ist *ça* bereits abstrakter als in a), kann sich aber auch noch auf etwas Bestimmtes beziehen)
c) *Ça brûle* (vollkommen unbestimmt und unpersönlich).

In c) ersetzt *ça* das in unpersönlichen Konstruktionen auftretende *il*, das aufgrund der Verwechslungsgefahr mit dem persönlich verwendeten *il* oftmals vermieden wird (vgl. Krassin 1994, 120). Ein weiterer Vorzug von *ça* besteht nach Krassin folglich darin, dass es den Sprechern die Möglichkeit bietet, persönlich verwendete Verben auch im Rahmen unpersönlicher Konstruktionen einzusetzen.

6.1.2 Allomorphie bei den unbetonten Subjektpersonalpronomina

Die Subjektpersonalpronomina (SPP) der 2. Person Singular sowie der 3. Person Singular und Plural Maskulinum besitzen im nähesprachlichen Französisch die folgenden Allomorphe (vgl. hierzu Koch/Oesterreicher 2011, 167f.; Meisenburg/Selig 1998, 130f.; Blanche-Benveniste 2003, 322):

tu: [ty] und [t]
il: [il] und [i]
ils: [iz] und [i]

Beim SPP der 2. Person Singular wird vor Vokalen i.d.R. [t] realisiert, da auf diese Weise ein „schlechter" Silbenkontakt, ein Hiatus, vermieden werden kann: *tu as* [ta] anstatt [ty a].

---

[1] Zur Charakterisierung der Korpora s.u. in Kap. 8.

Das Allomorph [t] begegnet mitunter jedoch auch vor Konsonant, wo ansonsten [ty] gesprochen wird: *tu t'en rappelles* [ttãRapɛl] anstatt [tytãRapɛl] (Koch/Oesterreicher 2011, 168).

Die SPP der 3. Person werden vor Konsonant im *français parlé* üblicherweise als [i] artikuliert: *il fait* [ifɛ], *il vient* [ivjɛ̃], *ils viennent* [ivjɛn] (Koch/Oesterreicher 2011, 167; Blanche-Benveniste 2003, 322). Die Artikulation als [il] ist auch möglich, aber wohl vergleichsweise selten: *il manque* [ilmãk], *ils osent* [ilzoz] (Koch/Oesterreicher 2011, 167). Vor Vokal hingegen wird zwecks Hiatusvermeidung [il] realisiert: *il a* [ila] (Meisenburg/Selig 1998, 131, Fußn. 14).

6.1.3   Gebrauch der unbetonten Subjektpersonalpronomina

Das Französische hebt sich bekanntlich durch die obligatorische Setzung der unbetonten Subjektpersonalpronomina bzw. Subjektsklitika von den anderen romanischen Nationalsprachen ab: frz. *tu parles* vs. it. *parli*, pg. *falas*, rum. *vorbeşti*, sp. *hablas*. Nun ist jedoch im gesprochenen Französisch – anders als im geschriebenen Französisch – bei bestimmten Verben, vor allem bei *falloir* und *y avoir*, keine Obligatorik des Pronomens, sondern vielmehr ein recht häufiger Ausfall desselben festzustellen (vgl. hierzu auch Koch/Oesterreicher 2011, 177). Unter den ersten 100 000 Wörtern des französischen *CREDIF*-Korpus befinden sich 200 Konstruktionen des Typs *(il) faut que.../(il) faut + Infinitiv*, wobei das unpersönliche Pronomen (Expletivum) *il* in 120 Fällen (= 60%) gesetzt und in 80 Fällen (= 40%) ausgelassen wird.

Hinzelin/Kaiser (2007, 181, Fußn. 7) gehen davon aus, dass die Auslassung des Expletivpronomens *il* im Französischen nur als seltene, periphere Erscheinung zu bewerten ist und führen als Argument an, dass der Ausfall des Expletivums in dieser Sprache in *subordinierten* Sätzen nicht möglich sei.[2] Diese Aussage entspricht jedoch nicht dem tatsächlichen Sprachgebrauch, wie die folgenden Belege aus dem *CREDIF*-Korpus zeigen:

puis le bonhomme il lui a dit *faut* lui amener sa voiture à Starky/
(*CREDIF*-Korpus, FE1, 158)

moi je trouve que tous les ans *y a* un petit peu de progrès mais enfin *faut* pas désespérer hein/
(*CREDIF*-Korpus, HR3, 85)

On peut faire euh: un BTS mais *faut faut* bien travailler/ *faut* aller en première de réadaptation.
(*CREDIF*-Korpus, HJ4, 164)

y a les cinémas euh/ si on veut mettons euh des des commissions et tout euh ils ont tout sous la main/ tandis que chez nous *faut* aller a- assez loin/
(*CREDIF*-Korpus, HJ4, 387)

---

[2]   Eine entsprechende Aussage findet sich auch in der Einführung in die generative Syntax von Gabriel/Müller (2008, 13).

mais enfin vous savez quand *y a*: dans un couple quand *y en a* un/ quand *y a* qu'un homme qui travaille...
(*CREDIF*-Korpus, FA6, 71)

il y avait peut-être la moitié des familles qui avaient des enfants retirés/ à à l'époque/ y avait des atrocités qui se commettaient/ parce que *y avait* pas de de services suffisamment structurés pour euh le juge des enfants/
(*CREDIF*-Korpus, FA2, 170)

Eine weitere Abweichung des gesprochenen Französisch von den Verhältnissen im geschriebenen Französisch stellt die im *français parlé* übliche Ersetzung des unbetonten SPP *nous* durch *on* dar (vgl. Söll 1985, 135–138; Koch/Oesterreicher 2011, 177f.; Krassin 1994, 109, 111), das „heute zweifellos stilistisch wertfrei der gesprochenen Allgemeinsprache zuzuordnen ist" (Krassin 1994, 108). Im gesprochenen Französisch tritt jedoch nach wie vor auch *nous* als SPP auf (vgl. Koch/Oesterreicher 2011, 177). Die Untersuchung von Krassin (1994, 115f.) macht deutlich, dass die Ersetzung des unbetonten *nous* in Subjektfunktion durch *on* auch in der fiktiven Sprechsprache literarischer Texte („literarisierte Mündlichkeit") sehr häufig begegnet (*on*: 81,5% vs. *nous*: 18,5%), also eine Expansion in den medial geschriebenen Bereich hinein zu konstatieren ist.

Die in der Forschungsliteratur anzutreffende Auffassung, derzufolge die syntaktische Verbindung *nous, on* dem *français populaire* zuzuordnen sei, wurde von Krassin (1994, 117) mit Recht zurückgewiesen, wie die folgenden Ergebnisse einer statistischen Auswertung zweier Korpora mit diastratisch nicht als niedrig markiertem Sprachgebrauch belegen (vgl. hierzu auch Huchon 2007, 258):

	Beeching:[3]	Waugh:
nous, on:	29 = 88%	0
nous, nous:	4 = 12%	0

Im Vergleich zum alleinigen Auftreten von *on* kann der Konstruktion, *nous, on*, wie eine weitere Auswertung unserer beiden Korpora zeigt, jedoch nur marginale Bedeutung im *français parlé* zugesprochen werden:

	Beeching:	Waugh:
on:	2455 = 99%	859 = 100%
nous, on:	29 = 1%	0 = 0%

6.1.4 Die Strukturtypen *de bons vins* und *des bons vins*

In der präskriptiven Norm des Französischen wird im Singular sowohl *de bon vin* als auch *du bon vin* akzeptiert, während im Plural ausschließlich *de bons vins* vorgesehen ist (vgl. Koch/Oesterreicher 2011, 168). Letztere Form ist nach Koch/Oesterreicher (ib.) im gespro-

---

[3] „Hybride" Konstruktionen des Typs *nous, nous on s'entend* sowie Fälle, in denen die Ersetzung von *nous* durch *on* nicht möglich wäre (wie z.B. in: *mais nous, nous Français...*), wurden nicht berücksichtigt.

chenen Französisch zwar „nicht inexistent", der nicht-normkonforme Konstruktionstyp *des bons vins* sei hier aber „längst hochfrequent". Die von den beiden Autoren suggerierte Seltenheit der normkonformen Konstruktion *de* + pluralisches Adjektiv im *français parlé* wird durch eine stichprobenartige Auswertung von drei Korpora allerdings nicht bestätigt.[4] Hinsichtlich der Korpusanalyse ist freilich darauf zu achten, dass nur jene Okkurrenzen von *des* (+ Adjektiv) zu zählen sind, bei denen es sich um den *indefiniten Artikel* handelt, wogegen die Kontexte, in denen *des* die Verschmelzung der Präposition *de* mit dem bestimmten Artikel *les* repräsentiert (wie z.B. in: *il sort des grandes écoles*), nicht einbezogen werden dürfen, da es sich einerseits um eine andere grammatische Funktion handelt und andererseits *des* + Adjektiv hier nicht in Konkurrenz zu *de* + Adjektiv steht. Die Ergebnisse unserer Stichprobenanalyse stellen sich wie folgt dar:

	CREDIF:	Beeching:	Waugh:
de bons:	3	8	1
des bons:	10	8	0
de grands:	0	0	0
des grands:	5	4	2

Im Rahmen unserer Korpusauswertung stehen insgesamt 12 Okkurrenzen der normkonformen *de* + Adjektiv-Struktur (= 29%) 29 Okkurrenzen der nicht-normkonformen *des* + Adjektiv-Konstruktion (= 71%) gegenüber, d.h. dass immerhin etwa jede dritte Form der präskriptiven Norm entspricht. Dabei sind jedoch deutliche Abweichungen zwischen den einzelnen Korpora festzustellen, da sich etwa im Beeching-Korpus das Verhältnis zwischen *des* + Adjektiv (60%) und *de* + Adjektiv (40%) als relativ ausgeglichen zeigt, während im *Crédif*-Korpus ein sehr deutliches Übergewicht von *des* + Adjektiv (83%) gegenüber *de* + Adjektiv (17%) zu verzeichnen ist. Schließlich ist zu berücksichtigen, dass die Wahl zwischen *de* und *des* auch durch semantische Aspekte bestimmt wird. So hat die von Koch/Oesterreicher (2011) diesbezüglich nicht berücksichtigte Studie von Krassin (1994), die auf einem Korpus fiktiv-literarischer Sprechsprache beruht, ergeben, dass semantisch wenig ausdrucksstarke, hochfrequente Adjektive, wie etwa *petit*, *grand* und *bon*, eher mit *des* eine Verbindung eingehen, während qualifizierend-charakterisierende Adjektive, wie beispielsweise *beau, savant, long*, eine Tendenz zur Kombination mit *de* zeigen (ib., 105).

---

[4] Koch/Oesterreicher (2011, 39, Fußn. 33) schreiben zwar, dass sie bezüglich dieses Phänomens in der aktualisierten und erweiterten Neuauflage ihres Standardwerks Ergebnisse aus korpusgestützten Untersuchungen einbauen konnten, doch in dem betreffenden Abschnitt (S. 168) findet man lediglich die allgemeinen subjektiven Einschätzungen aus der Erstauflage.

6.1.5   Die Konstruktion *c'est* + Plural

Das Französische weist als syntaktische Eigenheit eine besondere prädikativische Struktur auf: Der Kopula *être* muss die Singularform des Demonstrativpronomens *ce* voranstehen, während das Prädikativum im Singular oder im Plural auftreten kann (vgl. Koch/Oesterreicher 2011, 168f.). In der geschriebenen Sprache wird dabei die Numeruskongruenz zwischen dem Verb und dem Prädikativum beachtet: *c'est mon frère/ce sont mes frères* (ib., 169). Im *français parlé* hingegen wird *c'est* auch dann verwendet, wenn ein Prädikativum im Plural folgt: *c'est des vrais bains de boue* (ib.). Von Koch/Oesterreicher (ib.) wird jedoch nicht erwähnt, dass im gesprochenen Französisch neben *c'est des...* auch häufig die kongruente Konstruktion *ce sont des...* auftritt, wie die folgende Korpusstatistik zeigt:

	CREDIF:	Beeching:	Waugh:
c'est des:	70	38	40
ce sont des:	31	39	5

Hier wird deutlich, wie wichtig es ist, für derartige statistische Analysen mehrere Korpora heranzuziehen. Während im Beeching-Korpus das frequentielle Verhältnis zwischen den beiden Konstruktionstypen ungefähr ausgeglichen ist, kommt die nicht der Norm entsprechende Struktur (*c'est des*) im CREDIF-Korpus auf mehr als doppelt so viele Okkurrenzen wie die „korrekte" Konstruktion (*ce sont des*). Die markante Abweichung des Waugh-Korpus hinsichtlich der Verteilung der beiden Konstruktionen findet vermutlich in der besonderen Konstituenz dieses Korpus eine Erklärung: Es besteht zu weiten Teilen aus informellen Gesprächen unter Jugendlichen („teen conversation"), die die normgerechte Konstruktion *ce sont des* offensichtlich weitgehend aus ihrem grammatischen „Repertoire" ausgeschlossen haben, was als Hinweis auf einen sich vollziehenden Sprachwandelprozess gewertet werden könnte.

6.1.6   Die Kongruenz des *participe passé*

Wenn das direkte Objekt dem Verb vorangeht, kongruiert im Französischen die Verbform mit dem Akkusativobjekt hinsichtlich Genus und Numerus (*accord*):

> *Qu'as-tu fait de cette lettre? – Je l'ai remise à qui de droit.*
> *Les preuves, il les a toutes détruites.*
> *Ce n'est pas lui qui l'a écrite, cette lettre.*
> *C'est toute une ville que le séisme a détruite.*
> *Combien de femmes Don Juan a-t-il séduites?*
> (Riegel/Pellat/Rioul 2009, 502f.)

In zahlreichen Fällen ist der *accord* nur noch in der Graphie relevant: *je l'ai vu* [vy] – *je l'ai vue* [vy] (Koch/Oesterreicher 2011, 169). Daneben gibt es jedoch auch einige Formen, bei denen in der phonisch realisierten Distanzsprache die Kongruenz lautlich zum Ausdruck gebracht wird, während die phonische Nähesprache dazu tendiert, auf diese lautliche Markierung zu verzichten (ib.):

phonische Distanzsprache:	*je l'ai écrit* [ekri] vs. *je l'ai écrite* [ekrit]
phonische Nähesprache:	*je l'ai écrit* [ekri] = *je l'ai écrite* [ekri]

6.1.7 *Passé simple* und *passé composé*

Die beiden Perfektformen des Französischen stehen bekanntlich in funktionaler Opposition zueinander. Der *passé simple* gilt als *passé lointain*, d.h. als Perfekt, das für eine temporale Distanz zwischen der Aktzeit des Verbs und dem Sprechmoment steht („ferne" Vergangenheit bzw. „reine" Vergangenheit ohne Gegenwartsbezug). Beim *passé composé* hingegen reicht die Aktzeit des Verbs in temporaler und/oder psychologischer Hinsicht an die Sprechzeit heran, es stellt somit ein *passé proche* mit retrospektiver Funktion dar, das eine „nahe" Vergangenheit bzw. eine Vergangenheit mit Bezug zur Sprechsituation expliziert (vgl. Kielhöfer 2008, 287f.; Schrott 2008, 301f.). In der Forschungsliteratur wird davon ausgegangen, dass im *français parlé* der *passé simple* nicht mehr verwendet wird und dass dessen narrative Funktionen hier der *passé composé* übernimmt (vgl. etwa Koch/Oester-reicher 2011, 170; Radtke 2008, 100f.; Schrott 2008, 302). Im folgenden Korpusauszug tritt der *passé composé* in *narrativer* Funktion anstelle des *passé simple* auf, d.h. der *passé composé* fungiert im gesprochenen Französisch nicht nur als retrospektives, sondern auch als erzählendes Perfekt:

> A - Non, non ça c'était au Grand Palais. A l'Odéon, *j'y suis pas allée, je suis allée à la Sorbonne.* Tout à fait...à peu près une semaine après qu'elle était rouverte. Alors dans le grand amphithéâtre, c'était sale! Y avait de la fumée, moi qui supporte pas la fumée. Alors dans les petites loges les gens étaient bien installés, assis, les pieds sur les bancs de devant, y en avait qui dormaient, les mieux organisés avaient des couvertures, alors ceux-là ils étaient vraiment bienheureux. Puis comme l'on entendait rien parce que la...la sonorisation...avait été cassée la veille paraît-il, des porte-voix ils en avaient pas, alors *on est descendu* pour euh...près de la tribune. Alors sur la tri-bune y avait...une vingtaine euh...oh non cinq ou six, mettons, en blue-jeans, fallait bien pour a-voir l'air euh révolutionnaire, avec de la barbe dans la mesure du possible, les cheveux...un peu longs et légèrement ébouriffés, qui discutaient à la tribune. Alors y avait le président de la séance, qui tapait de temps en temps sur la table pour euh...faire euh...respecter un semblant d'autorité [...] (Korpus von Jürgen Eschmann (1984); zit. bei Koch/Oesterreicher 2011, 43f.)

Da der *passé composé* jedoch in zahlreichen Fällen einen Bezug zwischen dem in der Ver-gangenheit liegenden Sachverhalt und der aktuellen Sprechsituation erzeugt, kann dieses Tempus nicht einfach als Äquivalent des *passé simple* im gesprochenen Französisch be-trachtet werden (vgl. Schrott 2008, 302). Diese enge Beziehung zur Sprechsituation ist auch der Grund dafür, warum der *passé composé* besonders gut für die Verwendung in der ge-sprochenen Sprache, die in hohem Maße durch das *Ich-Jetzt-Hier* des Sprechers bestimmt wird, geeignet ist (ib.).

Sowohl im CREDIF-Korpus (eine Okkurrenz) als auch im Beeching-Korpus (zwei Ok-kurrenzen) findet man die *passé simple*-Form *fut* in Verbindung mit *un temps* (*fut un temps*; *il fut un temps*). Daher sollte man, anstatt von einem „völlige[n] Fehlen des *passé simple*"

(Koch/Oesterreicher 2011, 170) im gesprochenen Französisch zu sprechen, die Form besser als *quasi-inexistent* im *français parlé* charakterisieren.

Dieser quasi-generelle Verzicht auf den *passé simple* im gesprochenen Französisch impliziert die Vermeidung des *passé antérieur* (*il eut chanté*), welches durch das *passé sur-composé* ersetzt wird (*il a eu chanté*) (vgl. Koch/Oesterreicher 2011, 170).

6.1.8 *Futur simple* und *futur composé*

Ähnlich wie *passé simple* und *passé composé* unterscheiden sich die beiden Futurformen *futur simple* (*je chanterai*) und *futur composé* (*je vais chanter*; auch: *futur proche, futur périphrastique*) dadurch, dass der *futur simple* zukünftige Sachverhalte von der aktuellen Sprechsituation abgrenzt, während beim *futur composé* eine Verbindung zwischen dem Sachverhalt und dem *Ich-Jetzt-Hier* (*ego-hic-nunc*) des Sprechers besteht (vgl. Schrott 2008, 303). Diese Opposition lässt sich durch das „Prinzip der Konditionierung" präziser fassen. Sachverhalte, die im *futur composé* dargestellt werden, sind die Folge einer zum Sprechzeitpunkt bereits erfüllten und aktuellen Vorbedingung, sie sind somit „aktuell konditioniert": *Le petit Dauphin est malade, le petit Dauphin va mourir* (ib.). Im Unterschied dazu sind beim *futur simple* die Bedingungen für die zukünftige Realisierung des Sachverhalts noch nicht erfüllt und lediglich virtuell, es liegt also eine „virtuelle Konditionierung" vor: *Garde cette lettre. Tu la comprendras plus tard* (ib.).

Das gesprochene Französisch weist nun als Besonderheit auf, dass das *futur composé* häufig auch in Kontexten verwendet wird, die ursprünglich dem *futur simple* vorbehalten waren (vgl. Koch/Oesterreicher 2011, 171):

A: […] ils vont me faire *ils vont me faire bosser* ils vont pas me faire euh ils vont pas me faire regarder euh le bleu du ciel euh pendant pendant quatre semaines
(Korpus von Ralph Ludwig (1988); zit. bei Koch/Oesterreicher 1990, 116)

Nach wie vor ist aber auch der *futur simple* im gesprochenen Französisch lebendig, der hier vor allem bei verneinten Verbformen sowie bei *être* und bei Modalverben (*devoir, vouloir* etc.) erscheint: *alors faudra que tu viennes me rechercher*; *je saurai pas aller au dîner* (Koch/Oesterreicher 2011, 171).

6.1.9 Der *subjonctif*

Der *subjonctif* des Französischen umfasst vier Tempora, zwei synthetische und zwei zusammengesetzte (vgl. Riegel/Pellat/Rioul 2009, 561):

le présent du subjonctif:	qu'il *chante*
l'imparfait du subjonctif:	qu'il *chantât*
le passé du subjonctif:	qu'il *ait chanté*
le plus-que-parfait du subjonctif:	qu'il *eût chanté*

Im *français parlé* sind von diesen vier Ausdrücken jedoch nur noch zwei in Gebrauch, der *présent du subjonctif* und der *passé du subjonctif* (ib., 561f., 571). Die beiden anderen Spielarten, der *imparfait du subjonctif* und der *plus-que-parfait du subjonctif* begegnen heute nur noch im *français soutenu* (*soigné*) bzw. in der gehobenen Literatursprache, und zwar vor allem in der 3. Person Singular (ib., 562, 571; Koch/Oesterreicher 2011, 171; Klein/Kleineidam 1994, 226; Hunnius 2009, 136).

Abgesehen vom Problem der Adjektivstellung dürfte wohl kaum ein Thema der galloromanistischen Forschung in den vergangenen Jahrzehnten so viel Aufmerksamkeit erfahren haben, wie der *subjonctif*. Insbesondere die Frage nach dessen „Vitalität" (in der geschriebenen und gesprochenen Sprache) ist ausgiebig und kontrovers diskutiert worden, wobei sich das Lager derjenigen, die den *subjonctif* als „Auslaufmodell" betrachten und diejenigen, die dieser Position entschieden widersprechen, gegenüberstehen (vgl. die Synthese bei Hunnius 2009). Zwar begegnet im gesprochenen (und auch im geschriebenen) Französisch durchaus des Öfteren die Ersetzung des Konjunktivs durch den Indikativ (vgl. Söll 1985, 126f.; Koch/Oesterreicher 2011, 171; Klein/Kleineidam 1994, 246). Doch die verbreitete Auffassung, derzufolge es sich beim *subjonctif* – vor allem in Bezug auf die Sprechsprache – um eine „moribunde" Kategorie handele, wird durch die auf Auswertungen mehrerer Korpora beruhenden Zahlenangaben von Blanche-Benveniste et al. (2005, 197f.) und anderer Autoren widerlegt (vgl. hierzu auch Söll 1985, 128f. sowie Gsell/Wandruszka 1986, 98 und Chaurand 2008, 120f.):

> D'après les corpus que nous avons rassemblés au GARS [*Groupe aixois de recherches en syntaxe*; S.B.], le mode subjonctif n'est pas du tout moribond ni même en passe de l'être: Esther Lim (1989) en a relevé 452 exemples morphologiquement clairs dans 27 heures d'enregistrement. Une étude sociolinguistique rapide permet également d'affirmer que le subjonctif n'est pas réservé aux locuteurs les plus „qualifiés" du français, mais qu'il est bel et bien partagé par tous. (Blanche-Benveniste et al. 2005, 197)

In den GARS-Korpora zeigt der *subjonctif* nach unpersönlichen Konstruktionen (*il faut que*, *il suffit que*, *c'est bien que* usw.) sowie nach Verben wie *vouloir*, *aimer*, *attendre*, *permettre* etc. die höchsten Vorkommensfrequenzen (vgl. Blanche-Benveniste et al. 2005, 197), was weitgehend mit den im *Orléans*-Korpus gegebenen Verhältnissen übereinstimmt (vgl. Krassin 1994, 84). Da Blanche-Benveniste et al. (2005) jedoch keine genauen Beschreibungen der von ihnen analysierten Korpora bieten, lässt sich nicht sagen, ob es sich bei den Texten durchweg um phonische Nähesprache handelt oder ob auch phonisch-distanzsprachliche Texte berücksichtigt wurden.

6.1.10 Negation

Das moderne Französisch kennt hinsichtlich der Zahl und Position der Negationspartikeln drei unterschiedliche Strukturen:

präverbale Negation:	je *ne* saurais vous dire…
„doppelte" Negation:	je *ne* sais *pas*
postverbale Negation:	je sais *pas*

Ein markanter Unterschied zwischen dem gesprochenen und geschriebenen Französisch besteht zunächst einmal darin, dass im nähesprachlichen Französisch ausschließlich die beiden letztgenannten Strukturen auftreten, da die präverbale Verneinung auf einige wenige spezifische Kontexte in diastratisch bzw. diaphasisch sehr hoch markierten Varietäten beschränkt ist (vgl. Krassin 1994, 14; Koch/Oesterreicher 2011, 172; Muller 1991; Bollée 2000, 18ff.).[5] Eine zweite auffällige Diskrepanz ergibt sich bezüglich der Verwendung der Negationspartikel *ne*, die im *français parlé* eine sehr hohe Ausfallrate aufweist, wie die folgenden Ergebnisse jüngerer korpusbasierter Untersuchungen zum phonisch-nähesprachlichen Französisch in Frankreich zeigen (vgl. hierzu van Compernolle 2009, 53):[6]

	Ort und Zeitpunkt der Datensammlung:	Ausfallquote von *ne* bei *jüngeren* Sprechern:[7]
Coveney (2002):	Picardie (Mitte der 1980er Jahre)	91,6%
Hansen/Malderez (2004):	Paris (erste Hälfte der 1990er Jahre)	95,4%
Ashby (2001):	Tours (1995)	86,0%
van Compernolle (2009):	Tours (2005–2006)	94,3%

Die Absenzquoten von *ne* sind zwar in allen Korpora sehr hoch, doch eine Generalisierung des Ausfalls ist im hexagonalen *français parlé* derzeit (noch?) nicht festzustellen.[8] In den

---

[5] Aus modern-synchroner Perspektive verfügen auch das Brasilianische, einige norditalienische Dialekte sowie die spanische Kreolsprache Palenquero über alle drei Negationskonstruktionen (vgl. Barme 2005, 405), das Französische ist daher keineswegs „die einzige romanische Sprache, die eine doppelte (redundante) Verneinung entwickelt hat" (Bollée 2000, 16).

[6] Nach Blanche-Benveniste (2003, 322) fällt im gesprochenen Französisch in Dialogen die präverbale Negationspartikel *ne* in 80% der Fälle aus. In einer früheren Publikation beziffert die Autorin die Absenzquote von *ne* in Dialogen gar auf rund 95% (vgl. Blanche-Benveniste 1997, 39). Da die Autorin jedoch in keiner der beiden Publikationen genaue Angaben zum Datenmaterial macht, auf das sich ihre Angaben beziehen, können ihre Ergebnisse in unserer Übersicht nicht berücksichtigt werden.

[7] Für alle hier aufgeführten Korpora gilt, dass die erfassten Sprecher allesamt Mittzwanziger oder jünger sind, es sind jedoch keine Kinder darunter (vgl. van Compernolle 2009, 53f.).

[8] Studien zum gesprochenen Französisch in Kanada und der Schweiz ergaben sogar noch höhere Ausfallquoten für *ne*, so dass diesbezüglich von einem quasi-kategorischen Verzicht auf die präverbale Negationspartikel gesprochen werden kann (vgl. van Compernolle 2009, 53f.).

von Söll (1985, 118) präsentierten Auswertungen phonisch-nähesprachlicher Korpora, die Ende der 1960er sowie in den 1970er Jahren erstellt wurden und Sprecher aus allen Schichten erfassen (nach Sölls Zählung die Korpora 3–5), sind die Auslassungsquoten von *ne* noch deutlich niedriger als in den oben genannten Korpora (die prozentualen Werte liegen hier zwischen 70,19% und 66%), was für einen kontinuierlichen Sprachwandelprozess spricht. Allerdings ist zu berücksichtigen, dass diese älteren oralen Korpora, deren Ergebnisse Söll präsentiert, im Gegensatz zu den oben aufgeführten Korpora keineswegs nur die Sprache jüngerer Sprecher beinhalten. Für eine Extension des Ausfalls von *ne* auch in den phonisch-distanzsprachlichen Bereich hinein, spricht die Studie von Armstrong/Smith (2002), derzufolge die Neigung zur Auslassung von *ne* inzwischen auch in Radio-Interviews zu beobachten ist.

Der Ausfall von *ne* im gesprochenen Französisch wird durch eine Reihe außersprachlicher (sozio-kultureller und pragmatischer) sowie innersprachlicher Faktoren bestimmt. Das Wirken der außersprachlichen Faktoren lässt sich mit Sturm (1981) folgendermaßen zusammenfassen: „Die Bereitschaft zur Verneinung ohne NE ist umso größer, je mehr die Charakteristika: jüngere Generation, Städter (insbesondere Einwohner von Paris), *parlure populaire* und *familiarité du ton* zusammentreffen" (Sturm (1981) zit. bei Krassin 1994, 15; vgl. hierzu auch Koch/Oesterreicher 2011, 172). Was die innersprachlichen Faktoren anbelangt, so ist die Auslassung von *ne* insbesondere bei den hochfrequenten Verbindungen *je sais pas, il faut pas, j'ai pas, il y a pas* und *ça va pas* besonders häufig (vgl. Krassin 1994, 16; Bollée 2000, 23). Ein wichtiger Faktor, der die Bewahrung des *ne* begünstigt, ist die Hiatusvermeidung, wenn das Verb mit Vokal anlautet: *tu n'as pas, qui n'est pas, ça n'ira pas* usw. (vgl. Krassin, 1994, 16; Bollée 2000, 23). Van Compernolle (2009, 56, 61) hat im Rahmen seiner korpusgestützten Untersuchung zur informellen Sprechsprache des hexagonalen Französisch jugendlicher Sprecher feststellen können, dass emphatische und konstrastierende Kontexte sowie vor allem die Kombination von verlangsamtem Sprechtempo und emphatischer Betonung einzelner Silben die Bewahrung von *ne* begünstigen, wie beispielsweise in folgendem Beleg:[9]

> *yavait pompière je.ne.l'utiliserais.ja.MAIS*
> (van Compernolle 2009, 56)

Im Gegensatz zum *gesprochenen* Französisch wird *ne* im *geschriebenen* Französisch in den allermeisten Fällen nicht ausgelassen. Die pauschalisierende Aussage von Söll (1985, 120), dass der Ausfall dieser Negationspartikel im *code écrit* nicht geduldet werde sowie die Behauptung von Koch/Oesterreicher (2011, 172), dass „es im geschriebenen (graphischen wie phonischen) Französisch keinerlei Belege (= 0%!) für das Fehlen von *ne* gibt", sind jedoch zurückzuweisen, da die Analyse literarischer Texte ergeben hat, dass in einigen Werken nicht nur in den dialogischen, sondern auch in den narrativen Partien der Wegfall von *ne* begegnet (vgl. Krassin 1994, 17; siehe hierzu etwa auch Calvet 2007, 43).

---

[9] Die Punkte zwischen den Silben zeigen verlangsamtes Sprechtempo an, die Kapitälchen stehen für emphatische Silbenbetonung.

6.1.11 Interrogation

Im Bereich der Interrogation ist zunächst einmal zwischen den beiden folgenden Fragesatz-typen zu differenzieren (vgl. zum Folgenden v.a. Söll 1985, 138–148; Koch/Oesterreicher 2011, 173–177; Krassin 1994, 19–30; Bollée 2000, 9–14; Marchello-Nizia 2003, 73–79):

1. **direkte Fragesätze** (*interrogation directe*): *Qui est venu? Pierre est-il là?*
2. **indirekte Fragesätze** (*interrogation indirecte*): *Je vous demande qui est venu. Je sais pourquoi Pierre est là.*

Hinsichtlich der hier ausschließlich behandelten *direkten* Fragesätze lassen sich zwei Vari-anten unterscheiden:

a) **Satzfragen**, auch: Gesamtfragen, Totalfragen, Entscheidungsfragen, *Ja/nein*-Fragen (frz.: *interrogation totale*), weil die Antwort aus *ja/nein* oder aus einem vollständigen Satz bestehen kann: *Tu veux me rendre un petit service? Oui (, je veux bien).* Die Satzfragen weisen i.d.R. eine steigende Intonationskurve auf.

b) **Wortfragen**, auch: Ergänzungsfragen, Teilfragen, partielle Fragen, *WH-questions*, Be-stimmungsfragen (frz.: *interrogation partielle*), weil sie sich auf eine Konstituente des Sat-zes beziehen (Subjekt, Objekt, Adverbiale): *Qui est venu? Où est-il?* usw. Die Wortfragen sind durch ein einleitendes Fragewort, das allerdings auch am Ende stehen kann, sowie ei-nen i.d.R. fallenden Intonationsverlauf gekennzeichnet.

Sowohl bei den Satz- als auch bei den Wortfragen bestehen markante Differenzen zwischen dem gesprochenen und geschriebenen Französisch. Beginnen wir mit der Satzfrage!

Das Französische kennt drei unterschiedliche Varianten der Satzfrage:[10]

1. die **Inversionsfrage**: *Est-il ici? Pierre est-il venu?*
2. die **Intonationsfrage**: *Il est ici?*
3. die **periphrastische Frage** (auch: *est-ce-que*-Frage): *Est-ce qu'il est ici?*

Zur Vorkommenshäufigkeit dieser drei Varianten im gesprochenen Französisch gibt es eine ganze Reihe von korpusbasierten Untersuchungen. Dem bei Krassin (1994, 21) gebo-tenen Überblick wird hier die Untersuchung von Coveney (2002) hinzugefügt, die auf ei-nem Korpus beruht, das Mitte der 1980er Jahre zusammengestellt wurde (s.o. 6.1.10):

---

[10] Albert Valdman unterscheidet noch eine vierte Spielart, die Intonationsfrage mit *question tag* oder *lexical tag*: *Il est ici, n'est-ce pas?*; *Il est ici, hein?*, die aber zu den Intonationsfragen gerechnet werden kann (vgl. Bollée 2000, 10). Ferner gibt es noch Fragesätze mit der Fragepartikel *-ti* (*Tu viens-ti?*). Dieser Fragesatztyp wird jedoch im Folgenden nicht behandelt, da es sich dabei um ei-nen Regionalismus, um eine als „bäuerlich-ländlich" konnotierte Redeweise handelt, die bei-spielsweise im Gebiet Haute-Marne begegnet, sich dort jedoch auf dem Rückzug befindet (ib.).

Satzfragen in *gesprochener* Sprache:

	Intonation:	*est-ce que*:	Inversion:
Pohl (1965): (*parlure bourgeoise*)	82,2%	8,9%	8,9%
Pohl (1965): (*parlure vulgaire*)	90,7%	4,6%	4,6%
Pohl (1965): (*parlure bourgeoise belge = M. et Mme Pohl*)	85,5%	14%	0,5%
Söll (1971): (Kindersprache)	90,9%	7,7%	1,3%
Behnstedt (1973): (*lang. fam.* Corpus I u.II)	94,6%	4,8%	0,6%
Behnstedt (1973): (Rundfunk)	41%	39%	20%
Ashby (1977): (Pariser Corpus)	80%	10,8%	9,2%
Bastian (1986):	70%	11%	3%
Coveney (2002):	79,4%	20,6%	0%

Vergleicht man diese Daten mit der Präsenz der drei Varianten in literarischer gesprochener Sprache („fingierter Mündlichkeit") (s.u.), so ist festzustellen, dass hier die Vorkommensfrequenz der Intonationsfrage etwas niedriger ausfällt, während die Inversionsfrage eine größere Häufigkeit aufweist. Zudem ist zu sehen, dass die „echte" Mündlichkeit doch recht deutlich von der fingierten Mündlichkeit abweicht (man vergleiche hierzu etwa die Ergebnisse von Coveney (2002) zur französischen Sprechsprache (s.o.) mit den Resultaten unserer Auswertung der mündlichen Partien in dem Erzählband *Je voudrais que quelqu'un m'attende quelque part* von Anna Gavalda (2003); s.u.).
Satzfragen in *literarisch-fiktiver gesprochener* Sprache:[11]

	Intonation:	*est-ce que*:	Inversion:
Terry (1967): (Boulevardstücke)	85,5%	3,2%	11,2%
Söll (1985; Theaterstücke) M. Duras:	82,5%	4%	13,5%
S. Beckett:	77,5%	5%	17,5%
Blank (1991):[12] (Céline, *Voyage au bout de la nuit*; Dialoge)	76%	2,5%	11,5%
Blank (1991): (Queneau, *Le Chiendent*; Dialoge)	78,7%	5,3%	16%
Gavalda (2003), *Je voudrais…*:	92%	5%	3%

---

[11] Der folgende Überblick von Krassin (1994, 21) wurde um unsere eigene Auswertung des Erzählbandes *Je voudrais que quelqu'un m'attende quelque part* von Anna Gavalda (2003) ergänzt.

[12] Krassin (1994, 21) weist darauf hin, dass die Quersumme hier lediglich 90% ergibt, weil die 10% ausmachenden *t-y*-Fragen (Beispiele hierfür fehlen) nicht hätten berücksichtigt werden können.

Eine Kontrastierung dieser Zahlenwerte mit den bei Krassin (1994) aufgeführten Untersuchungen zur Satzfrage im *literarisch-geschriebenen* Französisch zeigt, dass hier im Unterschied sowohl zur gesprochenen Sprache als auch zur literarisch fingierten Mündlichkeit die Inversion mit großem Abstand die präferierte Variante der Satzfrage darstellt:

Satzfragen in *(literarisch)-geschriebener* Sprache (vgl. Krassin 1994, 22):

	Intonation:	*est-ce que:*	Inversion:
Pohl (1965): (*parlure bourgeoise belge = M. et Mme Pohl*)	1%	0%	99%
Pohl (1965): Briefe	6,5%	1%	92,5%
Blank (1991): (Céline, *Voyage au bout de la nuit; récit*)	35%	0%	65%
Blank (1991): (Queneau, *Le Chiendent; récit*)	0%	0%	100%

Hinsichtlich der *Intonationsfrage* ist zu ergänzen, dass diese nicht eindeutig durch die (steigende) Intonation gekennzeichnet ist, denn eine steigende Intonation begegnet auch in nichtinterrogativen Äußerungen. Es kommt hinzu, dass es Intonationsfragen gibt, die keine steigende Intonationskurve aufweisen und die sich daher nur aufgrund semantischer und kontextueller Faktoren als solche identifizieren lassen, wie zum Beispiel: *Vous voulez du café, du thé, ou du chocolat?* (vgl. Bollée 2000, 11). Intonationsfragen galten früher als markierter Fragetyp, der entweder eine bejahende Antwort voraussetzt (präsupponiert) oder Überraschung des Sprechers signalisiert (ib.). Im *français parlé* hat sich die Intonationsfrage jedoch inzwischen zum unmarkierten Fragetyp entwickelt, was jedoch keineswegs ausschließt, dass dieser Fragemodus auch in Kontexten verwendet wird, in denen eine Bejahung erwartet wird (vgl. Söll 1985, 139; Koch/Oesterreicher 2011, 173f.; Bollée 2000, 11).

Die *est-ce-que*-Frage stellt im gesprochenen Französisch keineswegs die häufigste Variante der Satzfrage-dar (vgl. Koch/Oesterreicher 2011, 174), wie lange Zeit behauptet wurde (so beispielsweise bei Wartburg/Zumthor (1973): „Dans la langue parlée, ce tour est aujourd'hui la forme la plus courante de l'intorrogation portant sur le verbe" (Wartburg/Zumthor 1973, 28 zit. bei Bollée 2000, 12)). Die *est-ce-que*-Frage hebt sich durch einige spezifische Eigenheiten von den beiden anderen Satzfragevarianten ab und gilt heute als markierter Fragesatztyp (vgl. Söll 1985, 140; Koch/Oesterreicher 2011, 174). Ein Spezifikum dieses Fragetyps besteht nach Mario Wandruszka (zit. bei Söll 1985, 140) darin, „die Frage anzukündigen, bevor sie formuliert wird". Ferner schreibt er ihm einen affektiven Charakter zu: „elle peut donner plus de force aux questions oratoires, au mépris, à l'ironie, à l'irritation, à la colère", „[elle] peut donner à notre question une plus grande insistance" (Wandruszka zit. bei Söll 1985, 140). Dieses Insistieren bzw. „ausdrücklichere" Fragen, das auf ein „stärkeres, echtes Informationsbedürfnis" zurückzuführen ist, betrachten auch Koch/Oesterreicher (2011, 174) als besonderen semantischen Wert dieses markierten Fragesatztyps. Diese spezifische Funktion erklärt auch die hohe Vorkommensfrequenz von *est-*

ce-que-Fragen in der Sprache des Rundfunks sowie generell in Interviews (vgl. Söll 1985, 144; Bollée 2000, 12).

Kommen wir nun zur *Wortfrage*, die im Französischen eine weitaus größere strukturelle Vielfalt kennt als die Satzfrage (vgl. Söll 1985, 145). In der neueren Untersuchung von Coveney (2002) zur Wortfrage im *français parlé* werden sechs Spielarten berücksichtigt, die in dem vom Autor analysierten oralen Korpus ganz unterschiedliche Vorkommensfrequenzen aufweisen (vgl. Coveney 2002, 118):

Wortfrage-Typ:	Beispiel:	Vorkommen (in Prozent):
1. QSV:	*Comment elles s'appellent?*	23,8
2. QESV:	*Qu'est-ce qu'il faut?*	48,4
3. SVQ:	*Tu viens quand?*	15,6
4. QV-CL:	*Où allons-nous?*	6,6
5. QV NP:	*En quoi consiste votre enquête?*	2,5
6. Q=SV:	*Qui y a été?*	3,3

Die Untersuchung von Coveney suggeriert, dass im gesprochenen Französisch lediglich drei Varianten der Wortfrage, nämlich *QSV*, *QESV* und *SVQ*, von Bedeutung sind, wobei der *QESV*-Typ (*Qu'est-ce qu'il a fait?*) mit deutlichem Abstand dominiert. Kritisch anzumerken ist hier jedoch, dass der Autor nicht nur diastratisch und/oder diaphasisch als niedrig markierte Fragesatztypen, wie etwa *Où que tu vas?* oder *Où que c'est que tu vas?* (vgl. Bollée 2000, 12) unberücksichtigt lässt, sondern auch drei Wortfrage-Konstruktionstypen, die sich im *français parlé* großer Beliebtheit erfreuen, nämlich *Quand c'est que tu viens?*, *C'est quand que tu viens?* sowie *Quand est-ce que c'est, que tu viens?* (vgl. Marchello-Nizia 2003, 78). Eine korpusbasierte monographische Behandlung der Wortfrage im gesprochenen Französisch, die alle in Gebrauch befindlichen Konstruktionstypen erfasst, stellt nach wie vor ein Desiderat der galloromanistischen Forschung dar.

6.1.12   Voranstellung des direkten Objekts

Während das geschriebene Französisch weitestgehend die Serialisierung S-V-O praktiziert, ist im gesprochenen Französisch auch die Initialstellung des direkten Objekts häufig anzutreffen (vgl. Blanche-Benveniste 2003, 342; Koch/Oesterreicher 2011, 180f.). Dabei lassen sich zwei Typen unterscheiden (vgl. Koch/Oesterreicher 2011, 181):

    a) *rhematisches* direktes Objekt: *des tomates* vous voulez? (Bollée 2001/02, 9)
    b) *thematisches* direktes Objekt: *les fleurs* j'aime (Koch/Oesterreicher 2011, 181)

Bei der Variante a) handelt es sich um voll integrierte Sätze, wobei dieser Strukturtyp nach Koch/Oesterreicher (ib.) wohl als Archaismus zu betrachten ist. Die Konstruktion b) hingegen ist den Herausstellungsstrukturen mit Thema-Rhema-Abfolge zuzuordnen, die oben in 5.3.3 als allgemeines Merkmal des gesprochenen Französisch behandelt wurden. Im geschriebenen Französisch ist die Voranstellung eines direkten Objekts nur im Rahmen einer *mise en relief* möglich: *ce sont des tomates que vous voulez?* (Bollée 2001/02, 9).

6.1.13 Präsentative Cleft-Konstruktionen des Typs *(il y a) X qui*

Bei diesem für das (gesprochene) Französische charakteristischen Konstruktionstyp wird ein Referent, der noch nicht *topic* ist, innerhalb einer einzigen Äußerung (die jedoch zwei Prädikate beinhaltet) zunächst postverbal, d.h. unter dem Satzakzent, als *topic* eingeführt und dann im zweiten (vermeintlich subordinierten) Teil mit einem *comment* versehen, weshalb diese Strukturen in der Forschung auch als „presentational cleft constructions", also als Spaltsätze mit präsentativer, einführender Funktion bezeichnet werden (vgl. Stark 2008, 314 sowie Koch/Oesterreicher 2011, 181):

> *Y a Jean qu'*a téléphoné
> (zit. bei Stark 2008, 314)

> *il y a les piquets de grève qui* sont venus pour empêcher de faire cours
> (Koch/Oesterreicher 2011, 181)

Wie Koch/Oesterreicher (2011, 181) betonen, handelt es sich bei diesen Strukturen um *markierte Thematisierungen* und nicht um *Rhematisierungen*, also Hervorhebungen des Rhemas, wie sie etwa bei den Spaltsätzen des Typs *c'est/ce sont...qui/que* gegeben sind. Man vergleiche etwa:

> *il y a les piquets de grève qui* sont venus pour... (Thematisierung)
> *c'est les piquets de grève qui* sont venus pour... (Rhematisierung)

6.2 Diastratisch und/oder diaphasisch *markierte* Merkmale des *français parlé*

In der galloromanistischen Forschungsliteratur wird überwiegend davon ausgegangen, dass neben dem Normfranzösischen und dem über der Norm anzusiedelnden *français cultivé* im Substandardbereich vier *diaphasische* Register unterschieden werden können (vgl. Müller 1985; Bollée 2001/02, 12):

> *français cultivé (français soigné, choisi, soutenu)*
> N O R M E
> *français courant (français usuel, commun)*
> *français familier*
> *français populaire*
> *français vulgaire (français argotique)*[13]

---

[13] Die Bezeichnung *français argotique* darf hier nicht dazu verleiten, lexikalische Merkmale dieses Registers mit dem Argot gleichzusetzen. Beim Wortschatz des *français vulgaire* handelt es sich um allgemein bekannte und für alle sozialen Gruppen verständliche Wörter, die häufig schon im

Diese Register werden von Müller (1985, 225) folgendermaßen charakterisiert:

> La *norme* (ou *niveau zéro*, *registre zéro*), qui comprend la norme prescriptive et la norme
> d'usage, se situe qualitativement entre le français cultivé et le français courant; elle participe des
> deux niveaux sans pour autant correspondre à l'un ou à l'autre. Le *français cultivé* représente
> donc aujourd'hui, dans l'ensemble, la *supernorme*, alors qu'une grande partie du *français cou-*
> *rant*, le *français familier*, le *français populaire* et le *français vulgaire* représentent différents ni-
> veaux inférieurs, plus ou moins éloignés de cette norme: on peut les regrouper sous la désignation
> de *français relâché*.

Wider Erwarten ordnet Müller das *français populaire* nicht der Diastratik, sondern der Diaphasik zu, was auch für Koch/Oesterreicher (2011, 160) gilt:

> Zur Diaphasik bleibt noch anzumerken, dass das Französische – im Unterschied zu unseren bei-
> den anderen Sprachen [Italienisch und Spanisch; S.B.] – eine sachlich gut begründete und termi-
> nologisch klare Registerskala besitzt; die uns hier interessierenden Registermarkierungen sind:
> *courant*, *familier*, *populaire*, *vulgaire* (man beachte, dass sich im Italienischen und Spanischen
> *popolare/popular* auf eine diastratische Markierung beziehen [...]).

Die Einbeziehung des *français populaire* in die Diaphasik begründen Koch/Oesterreicher
(ib., 159f.) mit dem Hinweis darauf, dass zwischen der diaphasischen und der diastratischen
Variationsdimension eine besonders intensive Dynamik gegeben ist, wobei sowohl in synchroner als auch in diachroner Hinsicht eine weitgehende „Durchlässigkeit" zwischen diesen beiden Dimensionen, d.h. ein Aufsteigen von Merkmalen aus der Diastratik in die Diaphasik, zu konstatieren ist (Varietätenkette). In Anlehnung an Koch/Oesterreicher werden
im Folgenden die diaphasischen und diastratischen Merkmale daher zusammen behandelt.
Bollée (2001/02, 17) hingegen hält es für unwahrscheinlich, dass als diastratisch niedrig
markierte Grammatikkonstruktionen, wie etwa *la fille à ma soeur*; *au cas qu'il a pas com-*
pris; *ce qu'on a vraiment besoin* oder *quand c'est qu'il vient?*, im diaphasisch „niedrigen"
Sprechen gebildeter Sprecher Verwendung finden. Vor diesem Hintergrund postuliert die
Autorin die folgende Hypothese: „POPULAIRE markierter Wortschatz ist nicht an niedrige
Gesellschaftsschichten gebunden, POPULAIRE markierte Aussprache und Grammatik aber
wohl" (Bollée 2001/02, 17). Angesichts der Tatsache, dass das Eindringen von diastratisch
niedrig markierten lexikalischen Elementen in die Diaphasik belegt ist, drängt sich jedoch
eher die Annahme auf, dass ein solches „Weiterreichen" innerhalb der Varietätenkette
grundsätzlich auch bei grammatischen Konstruktionen möglich ist, denn dass diesbezüglich
seitens der Sprecher durchgängig eine strikte Differenzierung zwischen Lexik und Grammatik vorgenommen wird, ist doch wohl als recht unwahrscheinlich zu erachten. Allerdings
ist einzuräumen, dass es im Französischen einzelne morphosyntaktische Strukturen gibt, die
eine so starke Bindung an eine niedrige soziale Schicht aufweisen, dass ihnen ein Vorrü-
cken in die Diaphasik verwehrt zu sein scheint (vgl. Koch/Oesterreicher 2011, 161f. sowie
unten 6.2.2).

Altfranzösischen Bestandteile des Lexikons waren. Demgegenüber werden Argotwörter i.d.R. neu
geprägt oder bis zur Unkenntlichkeit modifiziert (vgl. Stein 2005, 189).

Im Französischen begegnen im Bereich der Lautung und der Morphosyntax nur wenige diastratisch und/oder diaphasisch als niedrig markierte Merkmale. Dies ist darauf zurückzuführen, dass sehr viele ursprünglich diaphasisch oder diastratisch niedrig markierte Phänomene seit dem 19. Jh. aus der Diasystematik in das gesprochene Französisch, die Nähesprache *i.e.S.* (s.o. in 1.1 Abb. 1 Ebene 1) eingedrungen sind (vgl. Koch/Oesterreicher 2011, 159ff.). Im Bereich der Lexik gibt es zwar enorme Unterschiede zwischen Schrift- und Sprechsprache, hier ergibt sich jedoch das Problem, dass ein Großteil der Lexeme, die für das *français parlé* typisch sind, sich nicht eindeutig einer bestimmten Varietät bzw. Register (*familier, populaire, vulgaire* usw.) zuordnen lassen (s.u. 6.2.3).

6.2.1 Lautung

6.2.1.1 Das *e caduc* und der Ausfall von *i, u*

Eine auffällige lautliche Erscheinung des gesprochenen Französisch, die eng mit dem akzentuellen und silbenprosodischen Design dieser Sprache verknüpft ist, stellt das sog. *e caduc* (auch: *e instable, e muet*) dar, d.h. der Ausfall des *Schwa*-Lautes [ə], der von vielen Sprechern des Französischen als [œ] oder [ø] realisiert wird: *chez le chat*: [ʃelʃa] oder [ʃelœʃa], [ʃeløʃa] (vgl. Meisenburg/Selig 1998, 139–147; Tranel 2003, 309ff.). Walter (1990, 28) weist mit Recht darauf hin, dass keine der geläufigen Bezeichnungen das Phänomen adäquat erfasst:

> Aucune de ces dénominations n'est réellement adaptée à la situation actuelle, car aucune ne recouvre l'ensemble des faits. Dans le cas de *brebis*, *e* n'est ni muet, ni caduc, ni instable puisque la voyelle *e* dans ce mot est aussi stable que la voyelle *o* de *croquis* ou la voyelle *i* de *criquet*. D'autre part 'schwa' (ou [ə]) semble renvoyer à une réalité phonétique correspondant à une voyelle neutre quant au degré d'aperture et d'arrondissement des lèvres, mais les usages les plus répandus semblent aujourd'hui favoriser de plus en plus une articulation antérieure et arrondie [ø] ou [œ]. Enfin, cette voyelle n'est pas toujours représentée par un *e* de la graphie (voir *Monsieur, faisan, faisait* ou *ours blanc* [uʁsəblã]).

Entgegen der Auffassung von Koch/Oesterreicher (2011, 165) kann die Schwa-Tilgung nicht den diasystematisch unmarkierten Merkmalen (also der Varietät „gesprochen") zugeordnet werden, da sie diastratisch und diaphasisch markiert ist (vgl. Meisenburg/Selig 1998, 140). Bei sozial niedrigeren Schichten sowie in informellen Kommunikationssituationen ist ein häufiges Auslassen des *e caduc* festzustellen, was zudem auch als typisch für die französische Jugendsprache gilt. Umgekehrt ist eine auffallend hohe Frequenz von Schwa-Realisierungen in diaphasisch hohen Registern anzutreffen (ib.). Darüber hinaus haben empirische Untersuchungen ergeben, dass der Schwa-Ausfall starken Variationen unterliegt. Ein und derselbe Sprecher kann innerhalb desselben Kontextes einmal das *e caduc* realisieren, ein anderes Mal tilgen (ib.). Es lassen sich jedoch auch einige grundlegende Regeln feststellen.[14] So bleibt das *e caduc* beispielsweise im Allgemeinen dann erhalten, wenn ihm zwei Konsonanten vorangehen (das sog. Dreikonsonantengesetz (*loi des trois consonnes*) von Grammont (1914)): [i.lã.tʁə.paʁ.la] *il entre par là* (vgl. Meisenburg/Selig 1998, 142; Bollée 2000/01, 32f.). Dass das Dreikonsonantengesetz jedoch nicht ausnahmslos gilt und einiger Präzisierungen bedarf, haben Harald Weinrich, Kurt Baldinger und Ernst Pulgram gezeigt (vgl. Meisenburg/Selig 1998, 142f.). Zudem ist zu betonen, dass das Dreikonsonantengesetz keineswegs bedeutet, dass im gesprochenen Französisch die Sequenz von drei Konsonanten bzw. ein Schwa-Ausfall mit entsprechender Konsequenz nicht möglich sei. So wird beispielsweise *je crois* oftmals als [ʃkʁwa] realisiert (vgl. Marchello-Nizia 2003, 88).

Wenn man, so wie Koch/Oesterreicher (1990; ²2011), zwischen universalen und einzelsprachlichen Merkmalen des *français parlé* differenziert, dann ist – wie Kiesler (1995) einräumt – die Klassifizierung des *e caduc* als einzelsprachliches Merkmal des Französischen deshalb problematisch, weil eine entsprechende Erscheinung auch im Deutschen, Englischen, Portugiesischen, Katalanischen, Albanischen sowie in weiteren Sprachen, die ein Schwa kennen, verbreitet ist (vgl. Kiesler 1995, 387). Im Sinne von Koch/Oesterreicher ist dem jedoch entgegenzuhalten, dass „einzelsprachlich" hier nicht Exklusivität bedeutet, sondern vielmehr, dass dieses Phänomen sich im Französischen diachronisch herausgebildet hat und nicht aus universellen Kommunikationsbedingungen des Nähesprechens resultiert.

Neben dem Schwa tendieren im gesprochenen Französisch auch die geschlossenen Vokale *i* und *u* zum Ausfall, was nach Tranel (2003, 308) eine diaphasisch als *familier* markierte Erscheinung darstellt. Der Schwund ist jedoch auf grammatische Wörter beschränkt und vor allem bei *qui* und *tu* häufig anzutreffen:

c'est Jean qui arrive: [seʒãkaʁiv] anstatt [seʒãkiaʁiv]
tu attends: [tatã] anstatt [tyatã]
(Tranel 2003, 308)

6.2.1.2 Vereinfachung komplexer Silbenkoden

Ein Kontext, in dem die Tilgung des Schwa-Lautes als obligatorisch gelten kann, ist der *absolute Auslaut* (vgl. Meisenburg/Selig 1998, 141). Im Zuge dieses Schwa-Ausfalls entstehen häufig komplexe Silbenkoden, die im Wortinlaut oder innerhalb der *groupe rythmique* nicht zugelassen sind, wie beispielsweise in [me.la.tabl] *mets la table*; [ʒvwa.lotʁ] *je vois l'autre* (ib., 146). Bei der Konsonantensequenz Obstruent + Liquid (wie etwa bei *-tr-* und *-bl-*) tendieren die Sprecher im gesprochenen Französisch – und zwar sowohl im absoluten Auslaut als auch im Auslaut innerhalb der *groupe rythmique* – zur Vereinfachung bzw. Auflösung dieses Konsonantenclusters, die über Zwischenstufen

---

[14] Vgl. hierzu die detaillierte und übersichtliche Darstellung bei Meisenburg/Selig (1998, 139–147) sowie die Ergänzungen, die Bollée (2000/01, 32f.) vornimmt.

schließlich zum völligen Verstummen des Liquidkonsonanten führt (ib., 146f.): [katʁə] > [kat] *quatre*, [tablə] > [tab] *table*. Die Neigung zur Tilgung des Liquids ist jedoch lexemabhängig unterschiedlich stark ausgeprägt. So hat Malécot (1976; 1980) in einem informellen oralen Korpus festgestellt, dass der Liquid bei *quatre* in allen möglichen Fällen reduziert wurde, während dies bei *être* (86%), *exemple* (76%) und *autre* (31,7%) seltener auftrat (vgl. Meisenburg/Selig 1998, 147). Da in der phonischen Distanzsprache des (hexagonalen) Französischen nachkonsonantisches [-ʁə] und [-lə] in jedem Falle realisiert werden, zumindest als [-ʁ] bzw. [-l̩] (vgl. Koch/Oesterreicher 2011, 167), stellt die Liquidtilgung ein Merkmal dar, durch welches sich das gesprochene vom geschriebenen Französisch abhebt. Da es jedoch nur im Rahmen der diastratisch und diaphasisch markierten Schwa-Tilgung zum Liquidausfall kommt, wird auch dieses Phänomen entgegen der Auffassung von Koch/Oesterreicher (ib.) letztlich durch diasystematische Faktoren bestimmt.

6.2.2   Morphosyntax

Eindeutig diastratisch (und sekundär auch diaphasisch) niedrig markiert sind die Ersetzung von *elle* durch *a(l)* sowie die Substitution des als indirektes Objekt der 3. Person Singular fungierenden *lui* durch *y* (vgl. Koch/Oesterreicher 2011, 161):

A: [...] alors la dame *a* m'a regardé puis *al* a eu un petit rire [...]
(*Corpus d'Argenteuil* (1974); zit. bei Koch/Oesterreicher 2011, 161)

A: mais si j'*y* dis que je vous emmène avec moi il marchera
B: ah moi je ne veux
(Aachener Situationskorpus von Hans Scherer (1984); zit. bei Koch/Oesterreicher 2011, 161)

Die drei folgenden Erscheinungen sind ausschließlich diastratisch niedrig markiert, da bei ihnen die Bindung an sozial niedrige Schichten offenbar so stark ist, dass sie nicht in den diaphasischen Bereich vordringen können (ib., 161f.):
1. relativische Anschlüsse mit *que* ohne Spezifizierung der Aktantenfunktion (ib., 162):

A: celle-là *que* je parle
D: oui c'est celle-là
(*Corpus d'Argenteuil* (1974); zit. bei Koch/Oesterreicher 2011, 162)

2. die sog. Dekumulierung (*décumul du relatif*), die ein syntaktisches Verfahren darstellt, bei dem die relativische Subordination und die Explizierung der syntaktischen Funktion des Bezugsnomens (im Relativsatz) auf syntagmatischer Ebene durch die Verbindung Relativpartikel (+ Präposition) + Resumptivum ausgedrückt wird (vgl. Koch/Oesterreicher 2011, 162 sowie Schafroth 1993, 12–15):

la nana *que* je *lui* ai donné mille balles
(Koch/Oesterreicher 2011, 162)

3. Nebensatztypen mit einem „inflationär" verwendeten *que* (vgl. Koch/Oesterreicher 2011, 162):

y a des grandes chances que je retourne où *que* j'étais l'année dernière

A: [...] parce que où *que c'est que* c'est le plus chargé en
B: ah bah alors-là tu pourras a/
A: général c'est le côté du soleil c'est le côté sud [...]
(Beispiele nach Koch/Oesterreicher 2011, 162)

6.2.3 Lexik

Eine markante Besonderheit des Französischen stellt die enorme Divergenz zwischen schriftsprachlichem und sprechsprachlichem Wortschatz dar (vgl. Radtke 2008, 102). Viele Franzosen, auch gebildete Sprecher, verwenden in der gesprochenen Sprache sozusagen einen „Parallelwortschatz" zum Standardwortschatz, siehe beispielsweise *manger/bouffer*, *partir/se tirer*, *un livre/un bouquin*, *de l'argent/du fric*, *travailler/bosser* etc. (vgl. Blanche-Benveniste 2003, 324f.). Dieses Phänomen, bei dem lexikalische Einheiten der Standardsprache durch (Quasi-)Synonyme sozusagen „gedoppelt" werden, ist in dieser Form nicht nur im Deutschen unbekannt, sondern existiert nach Blanche-Benveniste (ib., 324) auch in sämtlichen anderen dem Französischen benachbarten Sprachen nicht. Die Gründe hierfür sind in der extrem distanzsprachlichen Ausrichtung und der besonderen Rigidität der Kodifizierung der präskriptiven Norm des Französischen im 16. und 17. Jh. zu sehen. Während sich beinahe das gesamte Schrifttum in der Folgezeit an diesem starren Standard des *français classique* orientierte, erfuhr die nicht normierte und somit dem natürlichen Sprachwandel unterliegende Nähesprache zahlreiche – mitunter einschneidende – Veränderungen, so dass im Laufe der Zeit die Diskrepanz zwischen der in ein straffes „Korsett" gezwängten und mit Argusaugen gegenüber dem Substandardbereich abgeschirmten Schriftsprache einerseits und der im Alltag gesprochenen Sprache andererseits ein sehr großes Ausmaß annahm (vgl. Koch/Oesterreicher 2011, 146f.).

Insbesondere in den letzten Jahrzehnten hat das *français parlé* insofern eine „Dynamisierung" erfahren, als es in sehr starkem Maße Wortschatzelemente aus dem Substandardbereich aufgenommen hat, vor allem aus dem Argot (vgl. Radtke 2008, 102; Schmitt 1990, 295), der

> „über seine Existenz als eigenständiger Soziolekt hinaus in der Gegenwart zum wesentlichen Faktor in der Ausbildung umgangssprachlicher Dynamik (lexikalische Innovation, Schnelllebigkeit, Expressivität, Spontaneität) avanciert, der durch den verblassenden Stellenwert der Dialekte entscheidend begünstigt wird." (Radtke 1982, 162)

Dass die substandardsprachlichen Register Argot und *français populaire* den alltagssprachlichen Wortschatz des Französischen in den vergangenen Jahrzehnten in starkem Maße beeinflusst haben, wird durch die diachrone lexikographische Untersuchung von Guilbaud (1996) bestätigt. Der Autor hat alle Kurzwörter erfasst, die in drei verschiedenen Auflagen des *Petit Robert* (1967, 1977 und 1993) unter dem Buchstaben *C* aufgeführt werden, und dabei nicht nur festgestellt, dass deren Zahl von 25 im Jahre 1967 auf 53 in der Ausgabe des Jahres 1993 gestiegen ist, sondern auch, dass die Registerzuordnungen *argot* und vor allem *populaire* in zunehmendem Maße durch *familier* ersetzt wurden (vgl. Guilbaud 1996, XXIV). In der weiteren Entwicklung hat dieser Prozess schließlich dazu geführt, dass den ursprünglich dem Substandard zugehörigen Lexemen im gesprochenen Französisch kaum noch in eindeutiger Weise bestimmte diastratische oder diaphasische Markierungen zugeschrieben werden können, d.h. klare Grenzziehungen zwischen Argot, *français populaire* und *français familier* sind kaum noch möglich:

> [...] le problème est celui de l'affectation de ces unités à l'argot: il est très difficile de préciser si elles se meuvent dans l'aire de l'argotique, du populaire ou simplement du familier, tant les niveaux de langue sont aujourd'hui brassés, mêlés par les médias, qui reflètent la fragilité des frontières entre les diverses couches de la société, les échanges permanents et multiformes dans les relations techniques, commerciales et culturelles entre les Français. (Colin 2000, 158)

Die Problematik der hier angesprochenen Abgrenzungen (vgl. hierzu auch Humbley 2000, 74) zeigt sich auch darin, dass in der französischen Lexikographie nicht selten zu beobachten ist, dass in ein und derselben Auflage eines Wörterbuchs ein bestimmtes Lexem unterschiedlichen Registern zugeordnet wird (vgl. Schafroth 2008, 189). So findet sich beispielsweise im PR 1996 bei *bombe* ('fête') die Charakterisierung *familier*, während es in dem Eintrag zu *fête* als *populaire* eingestuft wird (ib).

Ein markantes Charakteristikum des gesprochenen Französisch im Bereich der Lexik bzw. Wortbildung sind die zahlreichen *Resuffigierungen* (frz. *resuffixation*, auch: *suffixation populaire*; vgl. PR 2010, XVII), die überwiegend aus der *langue populaire* und dem *Argot* stammen. Dabei treten neben dem besonders häufigen *-o* durchaus auch noch andere Suffixe auf: *bachot < baccalauréat*; *gratos < gratuit*; *cinoche < cinéma*; *françouille < français*; *burlingue < bureau*; *amerloque, amerlot < américain*; *chômedu < chômage*; *connard < con*; *jalmince < jaloux*; *chinetoque < chinois*; *alboche < allemand*; *morbaque < morpion* (vgl. Sokol 2007, 124; Thiele 1993, 102; Marchello-Nizia 2003, 81; Colin 2003, 439; Calvet 2007, 77, 111; Boyer 1997; PR 2010, XVII). Es ist diesbezüglich jedoch zu berücksichtigen, dass zahlreiche Resuffigierungen nicht auf die Alltagssprache beschränkt sind, sondern auch in konzeptionell und medial schriftlichen Texten verwendet werden, so beispielsweise *apér-o* (< *apéritif*), *dic-o* (< *dictionnaire*), *intell-o* (< *intellectuel*) und *mécan-o* (< *mécanicien*) (vgl. Barme 2011, 38).

Auch das Phänomen der *Kurzwortbildung* (siehe etwa *sympa < sympathique*),[15] das auch in der Schriftsprache begegnet, zeigt eine besondere Affinität zum *français parlé* und in vielen Fällen dürfen die durch Kürzung entstandenen Bildungen als Produkte der spontanen Sprechsprache gelten, die dem allgemeinen Streben der Sprecher nach materieller (syntagmatischer) Ökonomie und/oder ludischen Tendenzen zuzuschreiben sind (vgl. Barme 2011, 49–52). Bei den Kurzwörtern des Französischen handelt es sich überwiegend um *Apokopen*, d.h. um Kürzungen am Wortende (z.B. *bac < baccalauréat*; *dégueu < dégueulasse*; *accro < accroché*), *Aphäresen* (Kürzungen am Wortanfang) sind dagegen ver-

---

[15] Im Unterschied zur Resuffigierung wird hier nach der Kürzung kein neues Suffix ergänzt.

gleichsweise selten (siehe z.B. *blème < problème*; *Ricain < Américain*; *bus < omnibus*)[16] (vgl. Barme 2011, 44f.).

Die Wortkürzung tritt im Französischen vor allem bei Substantiven auf (z.B. *pub < publicité*; *mat < matin*; *petit déj < petit déjeuner*), ist darüber hinaus jedoch auch bei Adjektiven und – allerdings weitaus seltener – bei anderen Wortartkategorien zu beobachten (vgl. Barme 2011, 41f.):

a) Adjektive:

Kurzform:	Vollform:
sensas(s)	*sensationnel*
d'acc	*d'accord*
sympa	*sympathique*
dégueu	*dégueulasse*
rétro	*rétrograde*
déb	*débile*
accro	*accroché*
formid	*formidable*
impec	*impeccable*
der	*dernier*
réac	*réactionnaire*
cipal	*(garde) municipal*

b) Adverben:

perso[17]	*personnellement*
ci	*ici*

c) Verben:

chiner[18]	*échiner* 'chercher (des occasions)'
droper[19]	*adroper* 'filer, courir très vite'

Als weitere Erscheinungen in der Lexik des Französischen, die eine besonders stark ausgeprägte Affinität zur informell-spontanen Sprechsprache aufweisen, sind schließlich auch noch die Phänomene des *Verlan* (das Vertauschen von Silben bzw. Wortsegmenten) und dessen Weiterentwicklung, der auf Kürzung von *Verlan*-Ausdrücken beruhende *Veul*, zu nennen (vgl. Antoine 1998; Stein 2005, 175f.). Beispiele für *Verlan*-Bildungen sind *joibours < bourgeois* und *féca < café*, ein Beispiel für eine Form des *Veul* wäre etwa *sinc*, das

---

[16] Weitere Beispiele aus der französischen Jugendsprache sind: *fan* (*< enfant*), *cil* (*< facile*), *leur* (*< controleur*), *zesse* (*< gonzesse*) (vgl. Zimmermann 2008, 208).

[17] Die Form *perso* existiert daneben auch als Kurzform zum Adjektiv *personnel* und weist darüber hinaus auch noch mehrere substantivische Vollformen auf (vgl. Groud/Serna 1996, X und s.v. *perso*).

[18] Im Unterschied zur Verbform *droper* (s.u.) klassifiziert der *Petit Robert* diese Bildung nicht als Kürzung, sondern schreibt: „probablt altération de échiner ,travailler dur'" (PR 2010, s.v.).

[19] Das Wort stellt eine Aphärese des Verbs *adroper* dar, das aus dem Jargon der während der Kolonialzeit in Nordafrika stationierten Soldaten stammt und arabischen Ursprungs ist. Die Kurzform *droper* wird dem *français familier* zugeordnet (vgl. PR 2010, s.v.).

eine Kürzung des *Verlan*-Ausdrucks *sincou* (< *cousin*) darstellt (vgl. Stein 2005, 175f.). Bei der Bezeichnung *Verlan* handelt es sich selbst um eine Umstellung von *(à) l'envers*. Die Bezeichnung *Veul* basiert nach Stein (2005, 176) auf einer Umstellung und Kürzung von *Verlan*: *verlan > (an)veu(r)l* (zu weiteren Hypothesen bezüglich der Etymologie von *Veul* vgl. Antoine 1998, 67f.).

Aufgaben

1. Welche *historisch-kontingenten* Charakteristika des gesprochenen Französisch lassen sich in dem Auszug aus dem *Crédif*-Korpus (s.u. Kap. 8) ermitteln?
2. Informieren Sie sich über die sprachgeschichtliche Entwicklung der verbalen Negation im Französischen.
3. Werten Sie das Korpus von Beeching (<http://www.uwe.ac.uk/hlss/llas/iclru/corpus.pdf>; Zugriff vom 19.07.2011) im Hinblick auf die dort verwendeten Typen der Verbnegation (s.o. 6.1.10) statistisch aus.
4. Fertigen Sie selbst eine (orthographische) Transkription *phonischer Distanzsprache* des hexagonalen Französisch (z.B. einer Sequenz einer Nachrichtensendung aus dem Fernsehen) an und beschreiben Sie die sprachlichen Unterschiede gegenüber dem Auszug aus dem *Crédif*-Korpus in Kap. 8. Differenzieren Sie dabei zwischen allgemeinen und historisch-kontingenten sprachlichen Merkmalen.
5. Analysieren Sie die Texte der Chansons *Avec le temps* (Léo Ferré), *Vingt ans* (Léo Ferré) und *Laisse béton* (Renaud) im Hinblick auf die Unterscheidung von Nähe- und Distanzsprache. Die Texte der genannten Chansons wurden in den 1960er und 1970er Jahren geschrieben. Welche der darin anzutreffenden umgangssprachlichen Elemente sind auch heute noch gebräuchlich?
6. Verschaffen Sie sich einen Überblick über die Geschichte und Struktur des Argot (z.B. bei Calvet 2007).
7. Wie wird das *e caduc* im Südfranzösischen und in der Metrik (z.B. im Chanson) behandelt?
8. Informieren Sie sich bei Söll (1985), Krassin (1994) und Detey et al. (2010) über die Verwendung des Passivs im gesprochenen Französisch. Welche Schwierigkeit bringt das Passiv mit sich, wenn man seine Vorkommensfrequenz in Korpora ermitteln will?

7.   Zur Diatopik des *français parlé*: das *québécois*

Unter den diatopischen Varietäten des Französischen nimmt das kanadische Französisch aus mehreren Gründen eine Sonderstellung ein. Zum einen ist in territorialer und demographischer Hinsicht darauf hinzuweisen, dass die kanadische Provinz Québec mit ihren rund 1,7 Mio. qkm etwa dreimal so groß ist wie Frankreich und gleichzeitig das weltweit größte zusammenhängende frankophone Gebiet darstellt (der Großraum Montréal gilt mit seinen rund 3,7 Mio. Einwohnern als die zweitgrößte französischsprachige Stadt der Welt) (vgl. Pöll 2008, 67; Bossong 2008, 156f.). Zum anderen ist im Hinblick auf die Sprachstruktur sowie den Status des *québécois* zu betonen, dass diese Varietät eine vergleichsweise große Anzahl von Abweichungen vom hexagonalen Französisch bietet und einige Sprachwissenschaftler sogar so weit gehen, von einem eigenen Regionalstandard zu sprechen, was folglich die Annahme eines eigenen Varietätenraums impliziert (vgl. Koch/Oesterreicher 2011, 155; Bossong 2008, 156f.; Neumann-Holzschuh 2008, 114). Dabei ist das kanadische Französisch keineswegs auf das in der Provinz Québec verwendete *québécois* beschränkt, sondern vielmehr gibt es eine zweite Varietät, das Akadische, das in den Atlantikprovinzen Nouveau-Brunswick, Nouvelle-Ecosse und Ile du Prince-Edouard (Akadie) gesprochen wird (vgl. Neumann-Holzschuh 2008, 109, 114; Huchon 2007, 266).[1] Die beiden Varietäten differieren jedoch deutlich hinsichtlich ihres Status und ihrer Sprecherzahl. Während das *québécois* in der Provinz Québec, die seit 1977 ein offiziell einsprachiges Gebiet ist, von rund 6 Mio. Sprechern gesprochen wird, wurden in der zweisprachigen Akadie im Jahre 2001 lediglich 276 000 Französisch-Muttersprachler gezählt (vgl. Neumann-Holzschuh 2008, 109, 113f.; Pöll 2008, 67; Huchon 2007, 265). In sprachstruktureller Hinsicht ist zu sagen, dass das *acadien* zwar in vielen Punkten mit dem *québécois* übereinstimmt, es jedoch auch Unterschiede zu verzeichnen gibt, die in erster Linie dadurch zu erklären sind, dass das Akadische in deutlich stärkerem Maße als das *québécois* Archaismen und Dialektalismen bewahrt hat (vgl. Neumann-Holzschuh 2008, 114f.). Bei der folgenden Darstellung der sprachlichen Besonderheiten des kanadischen Französisch (die keinen Anspruch auf Vollständigkeit erhebt) wird ausschließlich das *québécois* berücksichtigt (vgl. hierzu Neumann-Holzschuh 2008, 111ff.; Huchon 2007, 266f.; Geckeler/Dietrich 2003, 142f.; Dahmen 1995, 228–236; Stein 2005, 169f.; Walter 1988, 220–223; ead. 1994, 299ff.).[2]

a) Besonderheiten in der **Lautung**:

a.1) Diphthongierung langer Vokale: *père* [pːɛʁ] → [paⁱʁ], [paᵋʁ]; *côté* [koˈte] → [koᵘˡte]; *chaise* [ʃɛz] → [ʃaᵋz];

a.2) Öffnung von [e] > [a], vor allem vor *r* + Konsonant: *servir* [saʁˈviːʁ], *elle* [al, a];

---

[1]   Eine größere Zahl muttersprachlicher Sprecher des Französischen gibt es auch noch in Ontario (2001: 534 000 Sprecher) (vgl. Neumann-Holzschuh 2008, 115). Das *français ontarien* deckt sich sprachlich jedoch weitgehend mit dem *québécois* (ib.).

[2]   Zu den sprachlichen Eigenheiten des *acadien* vgl. etwa Neumann-Holzschuh (2008, 114f.) sowie Huchon (2007, 267).

a.3) Realisierung des Diphthongs *oi* als [wɛ] bzw. [we] anstelle von [wɑ]: *moi* [mwɛ], *avoir* [a'vwɛ]; mitunter wird *oi* auch als [ɛ] artikuliert: *froid* [fʁɛt], *étroit* [e'tʁɛt], *croire* [kʁɛʁ];

a.4) Erhalt des *a posterieur* [ɑ], das oftmals wie ein offenes [ɔ] ausgesprochen wird: *je vais* [ʒvɔ];

a.5) Öffnung bzw. Schwächung der geschlossenen Vokale [i, y, u], insbesondere in geschlossener Silbe: *costume* [kɔs'tsym], *difficile* [dᶻɪfɪ'sɪl];

a.6) Verwendung von [y] für <eu> in unbetonter Silbe, wie z.B. in: *Europe* [y'ʁop], *heureux* [y'ʁø];

a.7) Assibilierung von [t, d] vor palatalen Vokalen und Halbkonsonanten [i, y, j, ɥ]: *tu* [tˢy], *dire* [dᶻiʁ];

a.8) Erhalt des auslautenden *-t* in Wörtern wie *bout* [but], *lit* [lit], *fouet* [fwɛt] usw., was den Verhältnissen im älteren Französisch entspricht;

a.9) Bewahrung von finalem [s] in einsilbigen Wörtern: *(les) gens* [ʒɑ̃s], *ceux* [søs];

a.10) während im gesprochenen hexagonalen Französisch das SPP der 3. Person, das überwiegend als [i] erscheint, vor Vokal als [il] realisiert wird, um so den Hiatus zu vermeiden (s.o. 6.1.2), wird im *français parlé québécois* durchgängig [i] für *il, ils* verwendet (vgl. Dahmen 1995, 232, Fußn. 37).

b) Besonderheiten in **Morphologie** und **Syntax**:

b.1) Verwendung besonderer Verbformen, z.B. in der 1. Person Singular und der 3. Person Plural: *je vas, ils avont*;

b.2) beim *passé composé* intransitiver Verben wird *avoir* anstatt *être* als Auxiliar verwendet: *t'as sorti du lit* (diese Erscheinung ist jedoch auch im *français parlé contemporain* Frankreichs anzutreffen, ist hier allerdings im Unterschied zum *québécois* als Grammatikfehler stigmatisiert; vgl. Blanche-Benveniste 2003, 319);

b.3) die gegenüber dem gesprochenen hexagonalen Französisch sehr viel häufigere Verwendung der Inversionsfrage: *Désirez-vous un café?*; man vergleiche hierzu Dahmen (1995, 235), der die Häufigkeit der Inversionsfrage in einem der sechs Bände des *Sherbrooke*-Korpus (*québécois*) mit der bei Söll (1985) genannten Vorkommensfrequenz dieses Fragesatztyps im Korpus des *français fondamental* kontrastiert: 24% (*québécois*) vs. 7,5% (hexagonales Französisch);

b.4) Gebrauch von *à* anstatt *de* in besitzanzeigender Funktion: *le char à mon père*;

b.5) fast vollständige Grammatikalisierung der verbalen Negation ohne *ne* sowie des *periphrastischen* Futurs in affirmativen Sätzen;

b.6) häufigeres Auslassen des unbetonten Subjektpersonalpronomens (in allen Personen) als im *français parlé métropolitain*, wobei jedoch auch im *québécois* die Setzung des Pronomens gegenüber der Auslassung überwiegt; ferner ist in Frankreich der Wegfall des SPP weitestgehend auf die unpersönlichen Verben, wie etwa *il faut, il y a, il paraît* etc., beschränkt, was für das *québécois* nicht gilt, wie die folgenden Beispiele zeigen:

Pouvez pas trouver un homme qui joue sa position mieux que ça
Parlaient l'anglais mais y le parlaient mal (Korpusbelege zit. bei Dahmen 1995, 232; Hervorhebung von mir)

b.7) Wegfall des bestimmten Artikels nach einer Präposition, vor allem nach *dans* und nach *à*:

Le puck va *dans zone* adversaire
Quand y viennent jouer à Montréal ou qu'on les voit *à télévision*
(Korpusbelege zit. bei Dahmen 1995, 233; Hervorhebung S.B.)

c) Besonderheiten im **Wortschatz**:

Im Bereich des Wortschatzes zeichnet sich das *québécois* insbesondere dadurch aus, dass es viele Wörter verwendet, die im Französischen Frankreichs nicht (mehr) gebräuchlich sind, ohne dass dadurch die gegenseitige Verständigung behindert wird. Hierzu zählen vor allem Archaismen bzw. Dialektalismen, Indigenismen, Entlehnungen aus dem Anglo-Amerikanischen und Innovationen (vgl. Neumann-Holzschuh 2008, 112). Darüber hinaus zeigt das kanadische Französisch bei zahlreichen Lexemen Vorkommensfrequenzen und Verwendungsbedingungen, die deutlich von den Verhältnissen im hexagonalen Französisch abweichen (ib.).

Archaismen bzw. **Dialektalismen:**[3]

astheure / à cette heure 'maintenant', *menterie* 'mensonge', *tralée* 'grande quantité de', *achaler* 'importuner', *bavasser* 'bavarder', *marier* 'épouser', *venir* 'devenir', *icitte* 'ici', *à cause que* 'parce que', *noirceur* 'obscurité', *œuvrer* 'travailler', *barrer la porte* 'fermer la porte', *espérer* 'attendre', *déjeuner* 'le petit déjeuner', *dîner* 'le déjeuner', *souper* 'le dîner' etc.

Indigenismen (bei den betreffenden Ausdrücken, die vor allem aus dem Irokesischen und dem Algonquin stammen, handelt es sich in erster Linie um Bezeichnungen für Tiere, Pflanzen und Realia sowie um Ortsnamen): *caribou* 'kanadisches Rentier', *ouaouaron* 'Riesenfrosch', *sagamité* 'Maissuppe mit Fleisch', *Canada* < irok. *kanata* 'Dorf, Siedlung', *Québec* < algonq. *kebec* 'Verengung'.

Anglo-Amerikanismen:

Hier lassen sich vor allem zwei Gruppen unterscheiden, die *direkten Entlehnungen* und die *Lehnübersetzungen*:

direkte Entlehnungen (die oftmals lautlich,[4] grammatikalisch und auch orthographisch adaptiert werden): *bines* 'Bohnen' (< engl. *beans*), *smatte* 'smart', *ploguer* 'einstecken' (< engl. *to plug*), *bécosse* 'toilettes' (< engl. *back-house*), *lousse* 'relâché' (< engl. *loose*), *quioute* 'mignon' (< engl. *cute*), *car, job, fun* etc.

---

[3] Eine Trennung in Archaismen und Dialektalismen ist nicht sinnvoll, da Dialekte sich grundsätzlich durch die Bewahrung älteren Wortguts auszeichnen. Dieser Konservatismus der diatopischen Varietäten betrifft jedoch keineswegs nur die Lexik, sondern auch die anderen Sprachebenen (s.u.).

[4] Bei neueren Übernahmen aus dem Anglo-Amerikanischen tendiert das *québécois* jedoch dazu, die amerikanisch-englische Aussprache beizubehalten (vgl. Stein 2005, 170).

Lehnübersetzungen:[5] *tomber en amour* 'tomber amoureux' (< engl. *to fall in love*), *annonces classées* 'petites annonces' (< engl. *classified ads*), *centre d'achats* 'centre commercial' (< engl. *shopping center*), *chien chaud* 'hot dog', *crème glacée* 'glace' (< engl. *ice cream*), *boissons allongées* 'long drinks', *heures d'affaires/heures de travail* 'heures d'ouverture' (< engl. *business hours*). Darüber hinaus finden sich im *québécois* auch *Bedeutungsentlehnungen*, wie z.B. *appliquer* 'poser sa candidature' (< engl. *to apply (for a job)*).

Innovationen (die insbesondere zur Bezeichnung spezifisch kanadischer Lebensverhältnisse kreiert wurden): *motoneige* 'véhicule pour se déplacer sur la neige', *poudrerie* 'neige sèche et fine que le vent soulève en tourbillons', *bordée de neige* 'chute de neige (abondante)', *dépanneur* 'petite épicerie restant ouverte après les heures normales, pour les courses de dernière minute' etc.

Das *québécois* vermeidet häufig Anglizismen, die in Frankreich gängig sind, was als Abwehrhaltung im Rahmen der sprachlichen Konkurrenzsituation zum Anglo-Amerikanischen zu interpretieren ist. So findet man im *québécois* beispielsweise *fin de semaine* für *week-end*, *croustilles* für *chips*, *(parc de) stationnement* anstelle von *parking*, *magasiner* anstatt *faire du shopping*, *traversier* für *ferry(-boat)*, *télécopie* anstatt *fax*, *vivoir* anstelle von *living*, *vol nolisé* anstatt *vol charter*, das Verkehrszeichen *arrêt* für *stop* usw.

Auch im Bereich der *Wortbildung* sind eine Reihe von Unterschieden zu verzeichnen. So verhält sich das *québécois* hinsichtlich der Feminisierung von Berufsbezeichnungen weitaus weniger restriktiv als das *français métropolitain*: *auteure, écrivaine, professeure* etc.

Die folgende Gegenüberstellung veranschaulicht noch einmal, wie stark *français parlé québécois* und *français parlé de France* divergieren können (vgl. Walter 1988, 223):

français parlé québécois:	*français parlé de France*:
Ils sont allés à l'hôtel pour une petite secousse.	Ils sont allés à l'hôtel un petit moment.
Elle plume des patates pour le dîner.	Elle épluche des pommes de terre pour le déjeuner.
Elle est en famille, elle va acheter ben vite.	Elle est enceinte, elle va accoucher très vite.
Le téléphone n'a pas dérougi.	Le téléphone n'a pas cessé (de sonner).
Conseils à la gardienne:	Conseils à la dame qui garde les enfants:
1. donner la bouteille au bébé;	1. donner le biberon au bébé;
2. lui faire faire son rapport;	2. lui faire faire son rot;
3. l'emmener se promener en carrosse.	3. l'emmener se promener dans son landau.

Zusammenfassend ist zu sagen, dass es sich bei den sprachlichen Besonderheiten des *québécois* in erster Linie um *Archaismen* bzw. *Dialektalismen* (vor allem aus Westfrankreich) handelt, wobei zu betonen ist, dass die eindeutige Einstufung eines sprachlichen Phäno-

---

[5] Eine *Lehnübersetzung* ist eine genaue Glied-für-Glied-Übersetzung eines fremdsprachlichen Ausdrucks in die eigene Sprache (siehe etwa dt. *Geistesgegenwart* für frz. *présence d'ésprit*; dt. *Dampfmaschine* für engl. *steam engine*; vgl. Bußmann 1990, s.v.).

mens als Archaismus oder Dialektalismus oftmals nicht möglich ist. So ist beispielsweise die Öffnung von [e] > [a] (s.o. a.2) sowohl für das im 17. Jh. in Paris verwendete *français populaire* charakteristisch als auch für die westfranzösischen Dialekte (vgl. Neumann-Holzschuh 2008, 111). Neben den genannten Erscheinungen ist das *québécois* aber auch durch einige *eigenständige Entwicklungen* gekennzeichnet, die vor allem durch die Loslösung vom Mutterland sowie den Einfluss des Anglo-Amerikanischen zu erklären sind.

Aufgaben

1. Informieren Sie sich über die externe Sprachgeschichte und die Herausbildung des kanadischen und belgischen Französisch. Wodurch unterscheiden sich diese beiden Varietäten grundlegend hinsichtlich ihrer Position innerhalb der Frankophonie? Welche Gemeinsamkeiten lassen sich feststellen?
2. Verschaffen Sie sich einen Überblick über das *acadien* (z.B. bei Walter (1988, 217–221) und Huchon (2007, 267)) und nennen Sie einige sprachliche Merkmale, die diese Varietät vom *québécois* unterscheiden.
3. Lesen Sie den bei Gadet (2003, 134f.) abgedruckten Auszug des auf *acadien* geschriebenen Romans *La Sagouine* (1971) von Antonine Maillet und stellen Sie sprachliche Abweichungen vom hexagonalen Französisch zusammen. Welche Erscheinungen lassen sich als Archaismen einstufen? Berücksichtigen Sie diesbezüglich auch die Auseinandersetzung zwischen *ouistes* und *non-ouistes* im Frankreich des 17. Jh.
4. Fertigen Sie eine Aufnahme des kanadischen Französisch an (beispielsweise im Internet unter: <http://www.985fm.ca>; <http://www.ckoi.com>; <http://www.radiox.com>; <http://www.radio-canada.ca>). Alternativ oder ergänzend kann auch auf die kanado-französischen Teile des Großprojekts *Phonologie du Français Contemporain* zurückgegriffen werden, die im Internet zugänglich sind (<http://www.projet-pfc.net>). Welche lautlichen und prosodischen Abweichungen vom hexagonalen Französisch lassen sich beobachten?
5. Was ist mit *primären*, *sekundären* und *tertiären* Dialekten sowie mit *parlers locaux* gemeint? Nennen Sie jeweils Beispiele aus der französischsprachigen Welt.
6. Wie ist die aktuelle Situation der *français régionaux* und deren Bedeutung für den Varietätenraum des hexagonalen Französisch zu beschreiben?

8.   Korpora und Korpuslinguistik

Im Folgenden werden die drei für die vorliegende Arbeit herangezogenen Korpora des phonisch-nähesprachlichen (hexagonalen) Französisch kurz vorgestellt. Im Anschluss daran wird ein längerer Auszug aus einem dieser Korpora, dem *Crédif*-Korpus, abgedruckt, der als Grundlage für einige der Arbeitsaufgaben dienen soll. Doch vorab erst noch ein paar Worte zur (Bedeutung der) Korpuslinguistik.

Die Korpuslinguistik ist eine datenorientierte Teildisziplin der Sprachwissenschaft, die linguistische Fragestellungen und Hypothesen auf der Grundlage von Korpora, also großen Sammlungen authentischer Texte, empirisch untersucht (vgl. Paprotté 2002, 364). Dabei wird *induktiv* vorgegangen, d.h. anhand der im Korpus beobachteten Erscheinungen bzw. Einzelfälle wird auf der Basis von theoretischem Vorwissen auf allgemeine Prinzipien, Gesetze oder Regeln geschlossen (ib.). Mit dieser methodischen Ausrichtung bildet die Korpuslinguistik einen Gegenpol zu all jenen linguistischen Strömungen bzw. „Schulen", die ihre Theorien einzig und allein auf die sprachliche Kompetenz und die grammatische Urteilsfähigkeit eines idealen Sprechers und Hörers gründen, wie dies vor allem für die Generative Grammatik kennzeichnend ist (ib., 365). Der generativistisch orientierte Linguist arbeitet *theoretisch-deduktiv*, d.h. er erzeugt als muttersprachlicher Sprecher mittels Selbstbeobachtung (Introspektion) Beispielsätze, die seine Hypothesen/Theorien belegen und bewertet dabei die Wohlgeformtheit, Grammatikalität und Akzeptabilität der Sätze (ib.). Es ist kaum überraschend, dass generativistische Arbeiten, die sich ausschließlich auf das Sprachwissen des Linguisten stützen, i.d.R. einer empirischen Überprüfung durch Heranziehung großer Datenmengen nicht standhalten konnten bzw. sich als defizitär erwiesen, da „die von realen Sprechern/Schreibern [...] hervorgebrachten Äußerungen [...] sich immer als weit komplexer erwiesen als das, was der introspektiv verfahrende Linguist modellieren konnte" (ib.). An dieser Stelle ist jedoch zu betonen, dass zwischen Theorie und Empirie keineswegs ein Antagonismus besteht, sondern vielmehr ist eine wissenschaftliche Beschreibung von Sprache nur im Rahmen eines Zusammenspiels von Theorie und Empirie bzw. von theoretisch-deduktiven Überlegungen und empirisch-induktivem Arbeiten möglich. So ist auch die dezidiert empirische Korpuslinguistik auf eine theoretische Untermauerung angewiesen, da sie beispielsweise für ihre Beobachtungen und Hypothesen, zu denen die Auswertung von Korpora führt, auf theoretische Begriffe, Kategorisierungen etc. angewiesen ist (vgl. Paprotté 2002, 365f.; Kabatek/Pusch 2009, 206).

Im Zuge der großen Fortschritte, die seit den 1990er Jahren in der Computertechnologie erzielt wurden, hat die Korpuslinguistik einen enormen Aufschwung erfahren. Es ist inzwischen möglich, orale und skripturale Textkorpora gigantischen Umfangs elektronisch zu bearbeiten und zu analysieren, was geradezu einer Revolution der Forschungssituation gleichkommt, war man doch früher darauf angewiesen, das Datenmaterial manuell auszuwerten. Die beachtlichen Entwicklungen in der Korpuslinguistik dürfen jedoch nicht darüber hinwegtäuschen, dass sich diese Disziplin nach wie vor mit einer ganzen Reihe von Problemen und Desiderata konfrontiert sieht (vgl. hierzu Koch/Oesterreicher 2011, 38f.;

Kabatek/Pusch 2009, 218f.). Ein Problem besteht beispielsweise darin, dass die derzeit verfügbaren maschinenlesbaren Korpora des gesprochenen Französisch aufgrund ihrer Größe keine statistischen Auswertungen von Phänomenen erlauben, die in der Sprechsprache nur selten vorkommen. Es herrscht diesbezüglich in der Sprachwissenschaft weitgehend Konsens, dass aussagekräftige Untersuchungen solcher *low frequency phenomena* nur unter Rückgriff auf Korpora von vier bis zehn Millionen Textwörtern (in Abhängigkeit des jeweiligen Einzelphänomens) möglich sind (vgl. Campione et al. 2005, 123). Was unsere statistischen Korpusauswertungen oben in Kap. 6 anbelangt, so ist zum einen zu betonen, dass die allermeisten der betreffenden Sprachstrukturen bzw. -formen im gesprochenen Französisch nicht selten auftreten, sondern vielmehr häufig oder sogar hochfrequent sind. Zum anderen gilt es bezüglich der Erscheinungen, die nur eine geringe Zahl an Okkurrenzen in unseren Korpora zeigen (wie etwa die Konstruktionen des Typs *de bons vins, des bons vins*), zu beachten, dass sich diese „kleineren" Korpora (die zumeist zwischen rund 100 000 und ca. 300 000 Textwörter umfassen) immerhin zur Überprüfung bestimmter Forschungsaussagen und Hypothesen eignen.

Kommen wir nun zur Charakterisierung der drei für die vorliegende Arbeit verwendeten phonisch-nähesprachlichen Korpora des hexagonalen Französisch:

1. *Crédif*-Korpus:

Das ca. 270 000 Textwörter umfassende Korpus des *Centre de Recherche et d'Etude pour la Diffusion du Français* (CREDIF) besteht aus Interviews, die Anfang/Mitte der 1980er Jahre in verschiedenen Regionen Frankreichs durchgeführt wurden (vgl. Martins-Baltar 1989, 5–10), wobei sämtliche Texte als nähesprachlich einzustufen sind, was sich unter anderem in den zahlreichen Satzabbrüchen, Überbrückungsphänomenen, Anakoluthen, Wiederholungen sowie etwa auch im häufigen Auftreten des für das informelle gesprochene Französisch charakteristischen *il-drop* ((*il*) *y a des gens…*) zeigt. Das Korpus liegt in gedruckter Form vor (Martins-Baltar 1989) und ist zudem auf der von Claus D. Pusch (Universität Freiburg) zusammengestellten CD-ROM mit maschinenlesbaren Korpora romanischer Sprachen enthalten (*Corpora Romanica. Freiburger Sammlung maschinenlesbarer Korpora romanischer Sprachen*).

2. Beeching-Korpus:

Das Korpus von Kate Beeching umfasst ca. 150 000 Textwörter und wurde zwischen 1980 und 1990 in Nord- und Südfrankreich zusammengestellt. Die Texte sind als nähesprachlich bzw. gemäßigt nähesprachlich zu klassifizieren, da es sich um freie sowie um teilweise gelenkte Interviews handelt (vgl. Pusch 2002, 3). Das Korpus kann unter der Internetadresse <http://www.uwe.ac.uk/hlss/llas/iclru/corpus.pdf> heruntergeladen werden (Zugriff vom 19.07.2011).

3. Waugh-Korpus:

Das Korpus von Linda R. Waugh und Aaron Lawson umfasst rund 119 000 Textwörter. Die Aufnahmen, die Mitte/Ende der 1990er Jahre in Paris, Montpellier, Avignon und Grenoble durchgeführt wurden, beinhalten größtenteils spontane Dialoge zwischen jugendlichen Sprechern sowie einige Einheiten universitären Unterrichts (cf. Pusch 2002, 6; Waugh/Fonseca-Greber 2002, 116). In vorliegender Arbeit wurden jedoch ausschließlich die rein nähesprachlichen Teile dieses Korpus, die zusammen rund 77 000 Textwörter umfassen, berücksichtigt (d.h. die oben genannten Unterrichtssequenzen wurden nicht einbezogen). Auf das Korpus von Waugh kann inzwischen bedauerlicherweise nicht mehr *online* zugegriffen werden (vgl. Pusch 2002, 6).

Eine Auflistung und Beschreibung der zugänglichen oralen Korpora des europäischen und außereuropäischen Französisch bietet Pusch (2002). Zu ergänzen wären diesbezüglich vor allem das (hexagonal-)französische Teilkorpus des Gemeinschaftsprojekts *C-Oral-Rom* (vgl. Campione et al. 2005) sowie die Korpora, die im Rahmen des internationalen Großprojekts *Phonologie du Français Contemporain* (PFC) zusammengestellt wurden, wobei neben Frankreich eine Vielzahl frankophoner Gebiete berücksichtigt wurde (vgl. <http://www.projet-pfc.net>; Detey et al. 2010).

Es folgt nun, wie bereits angekündigt, ein längerer Auszug aus dem *Crédif*-Korpus. Die in diesem Korpus verwendeten Transkriptionssymbole sind folgendermaßen zu lesen (vgl. Martins-Baltar 1989, 12):

:	= gedehnte Artikulation (z.B.: mais en fait/ c'est: je peux comparer)
/	= Segmentierung von Äußerungsteilen
.	= finaler Phrasenakzent (z.B.: puis il a amené sa bagno-/ sa voiture. après il a rentré la femme/ [...])
...	= längere Sprechpause
"	= Fokusakzent (frz. *accent d'insistance*; z.B.: c'était "admirable à voir)
(p =)	= Aussprache (*prononciation*) (z.B.: *je travaille* (p = j'travaille) bien)
⟨⟩	= Zitat (z.B.: on me dit ⟨t'es folle avec les animaux!⟩)
-	= Abbruch im Wort (z.B.: j'é-)
xx	= unverständliche Passage (die Anzahl des Symbols „x" korrespondiert mit deren Länge)
(?)	= Unsicherheit des Transkribenten
( )	= Anmerkung des Transkribenten

Das Kürzel *EF* steht für *enquêtrice femme*, *FA2* bezeichnet die 46-jährige Informantin, die ein diatopisch nicht markiertes Französisch spricht. Die hier wiedergegebene Aufnahme stammt aus dem Jahr 1984 (vgl. Martins-Baltar 1989, 13, 21).

Korpusauszug (vgl. Martins-Baltar 1989, 22–27):

EF -...travaille pour un centre de recherches alors dans ce cadre/ on on s'intéresse sur ce que les gens ont à dire dans les années quatre-vingt à quatre-vingt quatre/ enfin toutes ces années/ sur des sujets qui les intéressent/ bien entendu/ je tiens à vous redire que cé- cet enregistrement restera strictement anonyme/
(1)FA2 -mm
EF -et je répondrai à toutes: les questions que vous aurez envie de poser/ sur cette étude/ mais à la fin de l'entretien alors/ on on souhaite que vous parliez le "plus librement possible/ et ce n'est pas un questionnaire mais plutôt une une conversation libre/ oui

installez-vous bien (rires)/ alors nous aborderons plusieurs thèmes/ moi je ne/ j'interviendrai très peu/ puisque c'est ce que vous avez à dire/ qui nous intéresse/ alors euh on va aborder plusieurs thèmes/ c'est-à-dire:/ est-ce qu'il y a des thèmes/ que vous avez dont vous avez envie de parler/ alors on on les prendra l'un l'un après l'autre/ c'est-à-dire ou sur votre profession/ sur enfin ce que ce qui en ce moment/ quelque chose qui vous/ vous intéresse particulièrement.

(2)FA2 -m je mets un petit: un petit temps de réflexion/ donc c'est libre hein/ vous me:

EF -oui c'est ça/ voilà/

(3)FA2 -les choses dont j'ai envie de parler

EF -voilà

(4)FA2 -qui me tiennent à coeur/ sur un plan professionnel ou personnel?

EF -tout/ tous ce/ ou professionnellement ou : enfin ce qui/ vous:

(5)FA2 -attendez/ vous permettez hein?/ je: prends (?) deux (?) minutes alors (silence) évidemment/ si je je réfléchis deux minutes/ je je coupe un peu la durée de l'entretien/ mais enfin ça doit quand même pas être très important?

EF -non/non/réfléchissez/ non non non prenez votre temps/ x tout à fait

(6)FA2 -(silence) hh oui alors euh ff je sais pas/ on va peut-être faire passer le plan professionnel en premier?

EF -oui

(7)FA2 -compte tenu que: votre intervention m'a été présentée euh par la personne qui a servi d'intermédiaire/comme l'enquêtrice "veut interroger une assistante sociale/

EF -oui oui oui

(8)FA2 -donc c'est pour ça que je vous ai reçue ici/ et que je vous situe dans le cadre professionnel/ hein?

EF -d'accord d'accord.

(9)FA2 -donc j'aurais euh bien sûr/ des choses qui me tiennent à coeur/ au point de vue travail/ d'autant qu'il y a des problèmes même institutionnels/ qu'il faut peut-être pas que j'aille/ trop loin non plus/ parce que/ (clic) tout de même euh l'institution n'est pas au courant/

EF -mm

(10)FA2 -mais je prends quand même la responsabilité de ce que je dis et en dehors de son intervention

EF -oui

(11)FA2 -parce que je pense que j'ai quand même une certaine marge d'expression/

EF -mm

(12)FA2 -sur le plan personnel/euh il y a pas mal de choses: qui se: qui me préoccupent en ce moment/ et puis c'est vraiment de d'actualité/

EF -oui

(13)FA2 -nous en parlions encore ce matin ici avec un groupe de collègues/ euh je crois que ça se situerait/ euh un peu sur le... sur la thème le thème du travail de la femme

EF -du temps partiel/ de des des ambivalences que ça représente pour une personne qui: travaille à temps partiel/

EF -mm

(14)FA2 -la répercussion à la fois professionnelle et: et familiale/ et: la grande ambivalence des femmes

EF -m

(15)FA2 -de se situer soit d'un côté ou soit d'un autre. parce que on en fait des : on en fait l'expérience tous les jours/ et puis

EF -mm

(16)FA2 -surtout quand on travaille "même à temps/ à mi-temps depuis: des années/ parce que moi je travaille depuis quatorze ans ici/ dans ce sec- "dans ce centre médico-social/ pas exactement toujours euh dans le même secteur/ mais à temps partiel/ bon bien ..

EF -mm

(17)FA2 -quatorze ans après/ je crois que je peux quand même faire le bilan

EF -mm

(18)FA2 -et d'autre part euh: y a aussi y a un petit point me tient à coeur/ si on a le temps de:

EF -oui

(19)FA2 -"c'est que: là je me situerai/ non je vous dis pas à quel titre je me situe/ mais c'est sur un plan personnel/ "vous venez de l'Education Nationale/ si j'ai bien compris hein/ je ne sais pas du tout euh/ pourquoi vous faites une enquête/ euh actuellement euh "dans ce canton/ c'est un canton qui est en développement/

EF -oui

(20)FA2 -mais euh : "très peu d'équipement/ (clic) une population euh qui euh: "qui augmente régulièrement puisque c'est la banlieue lyonnaise/

EF -oui

(21)FA2 -qu'autrefois ça a été le rush vers l'est/ et que maintenant/ c'est le: la déconcentration vers l'ouest/ autrefois c'était résidentiel/ mais je pense que maintenant il y a un gros afflux (p=sans liaison) euh pour des tas de raisons de gens de la ville/ hein

EF -mm

(22)FA2 -ou bien ils veulent se mettre au vert/ ou bien ce sont des: gens en difficulté dans la ville/ qui croient trouver à la campagne/ des moyens d'existence "bien supérieurs/ qui se trompent/ d'ailleurs/ parce que la vie à la campagne coûte cher/ et ne résoud ab"solument pas leurs problèmes/ parce qu'on est dans un une région "très sous-équipée/ et que d'autre part euh on parle de la décentralisation donc euh d'une part/ "que d'autre part euh "la population ici euh "augmentant/ si vous voulez nos institutions/ à la fois sur un plan professio- enfin là je parle sur un un: thème professionnel/

EF -oui

(23)FA2 -"nos institutions/ et "d'autres institutions comme l'Education Nationale/ n'ont pas les moyens/ de faire face/

EF -mm

(24)FA2 -hein/ la compression budgétaire/ la décentralisation/ qu'est-ce que ça veut dire?/ "il y a euh "ici/ euh vous êtes dans un canton/ "qui a été stagnant pendant "très longtemps/

EF -oui

(25)FA2 -"qui commence à se développer/ qui n'a "pas les moyens de se développer non plus et euh...

EF -oui

(26)FA2 -vous avez des associations/ où vous avez euh des tas de choses/ vous avez des parents d'élèves/ actuellement/ euh d'un C.E.S. qui euh/ a été prévu pour cinq cents élèves/ qui actuellement a neuf cent trois élèves/ avec une cesse(?)

EF -mm

(27)FA2 -"qui euh est mal équipé "qui a une cantine/ qui fonctionne euh: pour euh: (clic) qui est prévue pour cinq cents élèves et qui fonctionne avec pratiquement "huit cents demi-pensionnaires puisque/ ils viennent de "tous les environs/

EF -mm

(28)FA2 -que même les élèves de l'Arbresles/ quelquefois sont forcés d'être en demi-pension/ parce qu'ils n'ont qu'une heure pour déjeûner et que d'aller à l'autre bout à pied/ c'est très loin/

EF -m

(29)FA2 -et: y a beaucoup de problèmes/ donc il y a: actuellement un "mouvement qui se dessine/ c'est de demander un "nouveau CES/ sur le canton/ qui en même temps/ ferait office: de lycée/

EF -ah oui

(30)FA2 -parce que l'ouest lyonnais/ aurait peut-être besoin d'un lycée/

EF -mm

(31)FA2 -alors euh je pensais que ff voyez (rire) je fais le lien avec l'Education Nationale si on en a le temps hein

EF -d'accord/ je vois/ et alors ça/ ça vous tient à coeur parce qu'en fait/ vous étiez:

(32)FA2 -ça me tient à coeur/ parce que/ euh: je crois que/ je suis implantée ici depuis euh "seize ans/ exactement/ je venais de région parisienne/

EF -ah oui

(33)FA2 -euh ff donc je suis banlieusarde/ ensuite j'ai vécu dans l'Oise/ pendant un moment/ puis nous sommes venus ici "pour des problèmes professionnels/ "l'adaptation a été très dure/

EF -m

(34)FA2 -Je travaill- "je ne travaillais pas/ mon mari est également assistant social/ il a pris la: euh la direction d'une agence de l'enfance ici/ "qui était/ "qui fonctionnait de façon archaïque/

EF -ah oui

(35)FA2 -bien/ on a beaucoup parlé de l'aide à l'enfance/ hein récemment/ je sais pas si vous avez vu l'émission de Polac/

EF -oui

(36)FA2 -y a quinze jours/ qui a dé- qui dans nos milieux/ n'a pas déclenché des tollés mais qu'on a trouvée très peu objective/ euh: et donc euh moi je ne je travaille ici depuis quatorze ans/ il a été "très difficile de faire notre place/ bon/ ce sont des problèmes peut-être personnels/

EF -oui

(37)FA2 -il y a dans: ce milieu lyonnais euh: des gens qui sont "très fermés/ (clic) euh l'Arbresles aussi/ en particulier/ il y a des régions du Rhône qui sont encore plus f- fermées qu'ici/ lorsque nous sommes arrivés un inspecteur de l'aide à l'enfance avait dit à mon mari qu'il s'agissait de la "Vendée lyonnaise/ je crois que c'est vrai (rire)

EF -de la?

(38)FA2 -"Ven"dée lyonnaise

EF -mm

(39)FA2 -et c'est c'est très exact/ donc euh si vous voulez/ euh bon pour nous qui sommes venus avec ce que nous étions/ nous avons: peut-être parce que ça venait de "nous/ senti très peu d'accueil du milieu/

EF -oui

(40)FA2 -je crois/ que tout/ petit à petit (p= sans liaison) nous nous y implantons/ mais on avait mis tellement de "choses/ dans ce déplacement/ si vous voulez/

EF -mm

(41)FA2 -que on voudrait/ quand même/ que les choses sinon bougent/ mais que s'il y a une expansion bon elle se fasse selon:

EF -xxx

(42)FA2 -certaines règles/ et je crois que c'est peut-être aussi la même chose sur le plan professionnel/ mais je crois que c'est" très/ c'est "très/ "moi je crois que je réagis très personnellement/

EF -oui/mm mm

(43)FA2 -voilà/ donc sur le plan professionnel/ que vous dire?/ ff je crois que tout est lié

EF -oui mm

(44)FA2 -tout est lié euh fff

EF -x vous travaillez en même temps aussi sur les m les les les xx

(45)FA2 -alors je/ personnellement/ je travaille sur les communes environnantes/ donc l'Arbresles/ c'est le chef-lieu de canton/ euh fff j'ai pas mal de choses sur le coeur qui tiennent au au secteur/ si vous voulez/ j'ai donc travaillé/ à temps partiel/ au départ/ j'avais "deux enfants: de six ans/ et trois ans et demi/ "quand je me suis remise à travailler/ donc temps partiel/ j'avais donc l'Arbresles à l'époque qui était le "gros bourg et des tas de communes environnantes/ nous étions à l'époque deux assistantes sociales/ une infirmière/ à plein temps/ et la secrétaire/ qui est toujours là/ bien/ bon les choses se sont tout de même développées/ euh : il y a eu/ il y a sept ans/ si vous voulez/ une refonte des secteurs/

EF -m

(46)FA2 -donc euh personnellement j'étais donc à temps partiel/ euh l'institution euh "qui avait accepté ces formes de travail/ euh n'était pas très satisfaite/ il faut dire qu'il y avait des: plaintes des conseillers généraux/

EF -mm

(47)FA2 -euh/ j'ajoute aussi que j'avais demandé/ à pouvoir/ plutôt que de travailler à mi-temps/ travailler "trois-quart de temps/ pendant l'année scolaire/ et m'arrêter les deux mois d'été/

EF -mm

(48)FA2 -ce qui revient à un "gros mi-temps/ si vous voulez.

EF -mm

(49)FA2 -en temps absolu hein.

EF -oui

(50)FA2 -mais j'avais "deux mois d'absence/ l'été/ donc/ d'une part l'institution/ "qui avait accepté au départ euh la solution/ "qui a eu certaines plaintes de conseillers généraux/ a fait une refonte/ et euh :donc a: créé euh: avait prévu de créer un poste supplémentaire par rapport aux "deux postes de service social un troisième poste/ à l'époque/ il y a eu "dans l'institution pas mal de: "difficultés/ si vous voulez/ pour mettre en place/ ce troisième poste/ et/ finalement/ on n'a accepté qu'un "mi-temps supplémentaire/ avec des: des "transferts de secteurs/ et à ce moment-là/ j'ai pris/ j'ai donc cessé le: l'Arbresles/ la commune de l'Arbresles/ pour prendre des communes: rurales/ certaines que j'avais déjà/ mais d'autres: nouvelles/

EF -m

(51)FA2 -donc pratiquement c'est un secteur nouveau/... et: bon ben sur le plan du service social/ au départ euh ici/ nous faisions du service social classique/ individuel/ euh je je crois qu'à l'époque y avait déjà des expériences si vous voulez ailleurs/ de: travail social de groupe/ ou de: travail social collectif/ euh moi j'a- j'en avais entendu parler dans l'Oise hein/ surtout dans les milieux ruraux/ euh les assistantes sociales de l'Oise/ travaillaient déjà en: en travail de groupe ou/ mais enfin je m-... oui (?) travail social de communauté/ bon/ ben moi j'ai j'ai pris le secteur donc ça c'est "ici c'est un secteur euh: tenu par/ enfin: c'est un travail "polyvalent de secteur/ donc nous avons: "le service social polyvalent/ euh des tâches de protection maternelle et infantile/ "en liaison avec des infirmières/ qui peu à peu/ dans le département ont été remplacées par des puéricultrices quand cela a été possible/...euh qu'est-ce que nous faisons?/ euh "donc là/ nous travaillons à l'époque en en service individuel euh tout était quand même assez ramené au canton/ x euh: avec "précisément euh souvent euh "des permanences le vendredi matin/ euh puisque c'est le jour du marché/ et c'est que/ le "seul jour où vous avez des cars/ qui vous véhiculent les personnes/ des communes/

EF -m

(52)FA2 -vers euh vers le canton/ c'étaient quand même des secteurs euh/ à l'époque nous n'avions que seize communes/ parce qu'il y avait "deux communes qui étaient: La-Tour-de-Salvani (O?) et de Martin/ euh qui "peut-être toutes les deux font partie de la Courly (0?)/ c'est-à-dire la communauté euh u- urbaine de Lyon/ qui était sur d'autres secteurs/ et puis qui ne vivent "pas/ centrées sur ce canton/ en dehors des problèmes scolaires/ puisque c'est un CES de rattachement/... et: donc on avait seize communes/ on avait une population à l'époque de dix-huit mille habitants/ euh avec deux assistantes sociales/ c'était: - pas beaucoup/ et j'ajoute qu'il y a une assistante sociale de Mutualité Agricole/ qui doit s'occuper des ressortissants agricoles/ donc ça fait effectivement une chute de: de travail potentiel hein/

EF -oui

(53)FA2 -mais enfin c'était déjà/ c'était déjà pas mal/ donc euh on faisait "face aux "tâches dites prioritaires et urgentes/ mais euh on n'a jamais "pu/ si vous voulez/ euh faire un travail euh total/ "profond/ enfin sinon profond/ comme on : aimerait le faire hein/

EF -oui mm

(54)FA2 -maintenant il faut ajouter aussi que moi j'avais une optique personnelle/ qui est de ne pas aller/ non plus tellement au de- au-devant de la demande/

EF -mm

(55)FA2 -attendre/ la demande des usagers

EF -oui

(56)FA2 -or/ comme vous êtes dans un canton/ euh: qui est euh: un petit peu: "dans l'évolution générale/ un petit peu plus en retard/

EF -oui

(57)FA2 -les gens euh les gens se bougent moins/ d'autre part/ il y a quand même cette forme/ cette: population euh de milieu rural/ qui se re- qui se retourne vers la Mutualité Agricole/ d'autre part euh: qu'est-ce qu'il y a? euh: dans le: dans le domaine des demandes: "elles étaient "moins cruciales à l'époque/ parce que/ "même à l'Arbresles/ parce que "vous aviez "des gens "qui étaient là mais qui avaient leurs familles/ sinon dans la même: bourgade/ à proximité dans le canton.

EF -oui

(58)FA2 -donc tous les problèmes que: "qu'ont les gens/ lorsqu'ils sont déplacés/ les problèmes de garde d'enfants/ de: euh de maladie/ de budget/ etc./ c'était beaucoup moins criant.

(59)FA2 -et peu à peu/ les choses/ se sont: renversées/ parce que "la commune de l'Arbresles/ ici/ "euh dont le maire est quelqu'un "euh: qui euh avait une certaine optique des choses/ hein/ euh qui autrefois avait été député/ était quand même très en retard/

EF -mm

(60)FA2 -si vous voulez/ parce que le député s'occupait peut-être plus euh de: de son mandat euh à l'Assemblée/ que du canton/ mais je crois qu'il était "validé par l'attitude des "gens/ qui ici/ y avait une population âgée même à l'Arbresles/ et qui ne réclamait pas tellement elle non plus/ donc "dès qu'il y a eu des HLM/ je sais que la collègue qui m'a précédée ici euh sur le secteur "de l'Arbresles et des communes environnantes hein euh: était horrifiée/ et elle disait au maire <monsieur/ venez/ euh moi je vous montrerai des taudis/ tel endroit/ tel endroit/ et tel endroit> donc peu à peu/ l'idée d'HLM se sont faits jour/ euh: les premiers HLM ont été (p=sans liaison) occupés par les gens mal logés/ mais il n'y avait aucun/ "très peu de problèmes sociaux à l'époque/ ensuite la deuxième tranche d'HLM euh qui en représentait peut-être encore: entre/ je sais pas moi/ cinquante et cent/ euh ont euh fait venir des gens/ qui étaient déjà "plus en difficulté/ libérant euh dans l'ancien: dans l'ancien centre des logements euh déjà euh plus insalubres etc./

EF -m

(61)FA2 -au profit de gens qui venaient de la ville/ et qui/ la troisième tranche d'HLM (p=as.L.M.) d'HLM c'était encore pire/ si vous voulez/

EF -oui

(62)FA2 -euh c'étaient vraiment les gens/ les marginaux qui ont "re- qui sont revenus dans les/ dans les anciens logements/ la deuxième tranche d'HLM/ où c'étaient des gens ici/ etc./ c'étaient des gens qui déjà commençaient à éprouver des difficultés à payer leur loyer etc./ et au fur et à mesure : tout a été comme ça hein.

EF -donc maintenant/ ça c'est dans un point: beaucoup plus euh...

(63)FA2 -donc c'est quand même pas mal en: en expansion/ euh ensuite il y a eu des lotissements/ qui se sont créés/ donc euh ça a donné euh bon les gens qui construisent en lotissement les premières années euh souvent ce sont des gens relativement solides hein/

EF -oui

(64)FA2 -(clic) mais ça donne un afflux de population avec tous les problèmes d'équipement/ de stationnement difficile/ de place/ où on ne peut plus se mettre:/ avec des problèmes de qualité de vie:

EF -oui

(65)FA2 -très difficile hein/ alors là/ ma collègue qui m'a remplacée sur le: secteur/ a/ euh pas mal travaillé avec la municipalité "qui avait changé en soixante-dix-sept/... elle a travaillé sur le plan de: création d'une halte-garderie/ mais vous vous rendez compte/ cette halte de/ garderie s'est ouverte il y a deux ans/ alors que en ville/ il y a vingt ans/ hein à Saint-Cloud/ ou ailleurs/ y avait déjà des expériences de halte-garderie/ de crèche à domicile/ et cae- (etc.)/

EF -mm

(66)FA2 -"plus de vingt ans/ moi quand j'ai fait mes études/ hein/ la Caisse d'Allocations Familiales de Paris a créé des/ des systèmes de: de crèches à domicile/ vraiment je crois que c'est vers Saint-Cloud/ euh si (?) je et donc moi je faisais encore mes études/c'était avant soixante-deux/ donc euh vous voyez le le décalage hein?

EF -oui

(67)FA2 -"et attention! "c'est le Bureau d'Aide Sociale/ "vous n'avez pas de participation des usagers/

EF -oui mm

(68)FA2 -donc euh là vraiment la collègue se bat la collègue se bat aussi/elle a une voix consultative mais difficilement aussi/ et puis y a ff y a tout un poids y a tout un

EF -m

(69)FA2 -alors les autres communes/ il faut peut-être men parler aussi/ euh bon y a des des municipalités diverses/ de tout bord/ qui essaient de faire ce qu'elles font/ ce qu'elles peuvent aussi/ que ce soit sur le plan du logement etc. il y a des associations un peu partout/ c'est vrai que dans le Lyonnais/ il y a énormément d'associations.

EF -ah oui

(70)FA2 -alors ou sporti:ves ou:

EF -mm

(71)FA2 -je crois: à partir du moment où vous trouvez votre place: dans une association/ ou dans un groupe/ vous finirez aussi par trouver votre place.

EF -ah bon!

(72)FA2 -et donc être adoptée

EF -mm mm

(73)FA2 -on nous avait dit euh quand on avait quitté la région parisienne/ <oh mais vous allez dans une région euh qui est très bien euh bon bien sûr/ mais euh vous allez peut-être du temps à vous faire accepter/ vous allez peut-être mettre dix ans/ mais quand vous êtes accepté/ vous "êtes accepté>/ et "c'est c'est un peu la:

EF -mm

(74)FA2 -la mentalité générale/ mais y a quand même des valeurs hein/ euh qui sont euh qui sont autres parce que/ ici/ vous avez/ euh : c'est très mouvant vous avez euh pas très loin: d'ici/ à St-Pierre-La Pallud/ une école de l'EDF

EF -oui

(75)FA2 -or vous savez l'EDF/ à quel point elle est dynamique/ et elle regarde pas à bouger ses gens euh/ ils partent à cinq cents kilomètres après pour une promotion/ donc tous ces éléments/ sont très moteurs/

EF -ah oui

(76)FA2 -parce que ce sont des gens euh qui vont qui viennent/ qui ont l'habitude de: de perdre: leurs repères/

EF -oui

(77)FA2 -qui sont dynamiques/ syndicalisés/ entre autres/ qui prennent part dans les associations/ qu'elles soient de parents d'élèves/ ou sportives etc./ ça donne pas mal de/ de mouvement/

EF -oui oui

(78)FA2 -et alors ici effectivement euh le chef-lieu de canton/ vous avez/ entre autres/ dans le dynamisme/ si vous voulez hein du canton/ une population scolaire/ qui doit être entre deux mille et trois mille "jeunes/

EF -oui

(79)FA2 -parce qu'il y a/... ici/ au (?) sur le plan public/ une école maternelle/ une école: primaire/ un CES/ un LEP/

EF -mm

(80)FA2 -sur le plan privé/ donc euh vous avez/ une école maternelle/ une école maternelle/ une école primaire/ un C- enfin l'équivalent d'un CES/ qui va jusque/ en troisième/

EF -mm

(81)FA2 -donc vous avez énormément d'élèves/ une maison familiale rurale/ qui a/quel effectif? j'en sais rien/ peut-être soixante/

EF -mm

(82)FA2 -mais enfin qui est également implantée/ donc vous avez de: beaucoup d'enseignants: qui sont: ici/

EF -mm

(83)FA2 -qui euh représentent aussi euh sinon un un élément à la fois dynamique et à mon avis culturel/

EF -oui

(84)FA2 -mais toutes ces forces sont/ à mon avis/ inemployées/

EF -ah oui

(85)FA2 -euh: il y a des recoupements dans des associations etc./ "mais/ j'ai l'impression: et ça ça correspond à mon insatisfaction/ j'ai l'impression que si on arrivait à "mieux canaliser et coordonner/ euh tout ce dynamisme des uns et des autres/ on pourrait faire: mieux/

EF -oui

(86)FA2 -à tout point de vue hein/ et puis alors ici/ y a quand même/ moi je le ressens comme cela/ le gros problème de la coexistence du privé et du public/

EF -oui

(87)FA2 -bon alors moi j'ai mes options: personnelles hein/ euh: ici les gens se sont battus il y a vingt ans/ bon maintenant/ je crois que ça va "un petit mieux/ puisque on retrouve dans les associations/ par exemple type maison de jeune :/ des gens qui se placent plutôt du côté la¨ique ou plutôt du côté école privée/ enfin si vous voulez/ mais quand même/ je crois que tout ça euh ce sont des freins/ ce sont des freins/

EF -mm

(88)FA2 -mais/ ça vient/ du contexte de ce canton d'origine rurale/

EF -oui

(89)FA2 -et j'irai même plus loin/ même sur le plan politique hein/ vous avez quand même: une représentation euh qui est/ effectivement/ à l'image de la population/

EF -mm

(90)FA2 -alors bon le: même en plus au point de vue découpage électoral euh c'est c'est très particulier/ si vous voulez/ parce que sur le plan euh: circonscription du député/ si vous voulez/ il a le canton de l'Arbresles/ il a le canton de Vegneret (O?)/ il a le canton de:... qu'est-ce qu'il a? euh f je sais plus ce qu'il/ enfin la Givors/ Givors c'est euh le sud de Lyon/ euh c'est urbain/ c'est très:/ je crois que le maire est communiste/ hein/ bon bien: si vous voulez/ euh: atten- attendez c'est sur le plan du conseil général/ ça/ mais enfin bref si vous voulez/ il y a un petit/ une petite zone urbaine/

EF -mm

(91)FA2 -et vous avez une "masse de campagnes/ donc vous voyez ce que peut-être la représentation euh électorale/ que ce soit au niveau conseiller général/ ou au niveau euh

EF -mm

(92)FA2 -député/ et: aussi auj- sur le plan des municipalités/ de toute façon/ bon ben là/ ce sont des communes rurales.

EF -alors vous vouliez aussi peut-être me parler de: bon quelque chose qui vous tenait à coeur là donc cette ce travail à mi-temps là vous n'avez pas!

(93)FA2 -mm oui oui... eh bien le travail à mi-temps euh/ on reconnaît que: enfin: moi je m'aperçois que: "c'est toujours euh c'- on pense que: c'est la solution pour une femme qui a des enfants/

EF -oui

(94)FA2 -et puis je m'aperçois que de toute façon c'est quand même cruel/

EF -m

(95)FA2 -que "où vous renoncez à la profession/ où vous renoncez à la famille/ que quand vous voulez faire coexister les deux choses/ et que vous essayez de tenir des deux côtés/ ce qu'on peut faire/

(96)FA2 -c'est quand même au détriment de la personne qui assume/ ces deux ces deux rôles/

EF -mm

(97)FA2 -et que/ff vraiment ce matin/ je concluais avec mes collègues que/ c'est parce que que nous nageons toujours dans les ambivalences entre le travail/ la famille/

EF -m

(98)FA2 -et que nous n'optons pas forcément euh d'un côté ou d'un autre/ et je me demande si la solution peut être peu tranchée/ donc c'est la condition de la femme là/ qui m'est vraiment/ qui me tient à coeur hein/ j'ai personnellement beaucoup de choses à rattraper/ euh: si vous voulez.

EF -oui

(99)FA2 -à ce niveau hein/ au niveau de la situation de la femme/

EF -mm

(100)FA2 -par rapport au travail/ par rapport à la famille/ et les frais qu'elle fait de tout ça/ quand elle essaie d'assumer les deux:/ et je crois que/ moi quand je réfléchis/ je crois qu'on ne peut "pas trancher/

EF -m

(101)FA2 -puisqu'il y a la maternité/ puisqu'il y a des :

EF -mm

(102)FA2 -"donc ça sera peut-être toujours une situation un petit peu euh.. cruelle.

EF -mm et ça c'est aussi l'avis de vos collègues alors?

(103)FA2 -ah mes mes mes collègues/ je ne veux pas trop les: entraîner là-dedans/ euh : peut-être vous en en en interviewvrez une: une: là tout à l'heure/ qui elle travaille pratiquement à temps plein/ fff et puis: j'ai aussi moi dû: enfin je le ressens comme ça hein/ euh un certain ressentiment (sic)/ un re- (clic) ressentiment "vis-à-vis de l'institution qui accepte de vous employer dans des conditions/ qui vous dit <bon ben vous ferez que ce qui est prioritaire/ les urgences>.

EF -mm

(104)FA2 -qui est bien contente de trouver des candidates quand les postes sont découverts/ mais qui exige/ autre chose/ qui exige quand même un travail/

EF -oui

(105)FA2 -que les urgences soient assumées/ que tout va bien/ "qui maintenant du fait des restrictions budgétaires/ vous dira/ "mais sur le plan du département/ nous sommes sur-équipés donc euh "et on le voit/ des postes sont fermés/ donc il faut répartir euh sur le département euh la pénurie/

EF -mm "oui il y a une vous trouvez qu'il y a une espèce de contradiction là

(106)FA2 -oui/ bien sûr/ et je crois que l'institution même (?) nos cadres ne: (souffle) n'arrivent pas toujours à le réaliser hein.

EF -oui

(107)FA2 -parce que nos "cadres sont toujours à des échelons intermédiaires hein/ il y a un directeur de l'Action Sanitaire et Sociale/ il y a euh bon autrefois le Préfet maintenant le Conseil Général/

EF -oui mm

(108)FA2 -et je crois quand même: que si vous voulez/ euh justement au service social/ euh dans un niveau justement de la hiérarchie et de l'encadrement/ vous avez des gens/ qui/ euh sont/ c'est la même image que le service social/ on est toujours entre deux/ hein/ on est toujours/ à une charnière entre: ben nous à notre niveau entre les gens et la société/ bon euh nos nos en- le personnel d'encadrement il est lui entre "l'organisme employeur/ et les: les travailleurs de base etc./ et que ça il faut toujours l'assumer cette contradiction.

EF -mm

(109)FA2 -et que "la solution de facilité/ c'est toujours/ de: bon ben "soit de ran- se ranger d'un côté/ soit de se ranger d'un autre/ ou peut-être de trouver des arguments euh qui à mon avis ne sont pas toujours euh fouillés:

EF -mm

(110)FA2 -à fond/

EF -mm: et alors vous-même avec cette expérience que vous avez de: travail euh finalement depuis

(111)FA2 -mm

EF -combien vous m'avez dit?

(112)FA2 -quatorze ans/ ici.

EF -quatorze ans oui dans à mi-temps

(113)FA2 -m

EF -c- comment fait-il que vous ayez fait (rire) ce bilan là justement aujourd'hui/c'était

(114)FA2 -je l'ai fait parce que nous avons des problèmes à notre niveau.

EF -ah

(115)FA2 -au niveau des postes.

EF -mm

(116)FA2 -moi je vois: "précisément/ nous avons: ici/ alors donc/ depuis soixante-dix-sept/ là où on a un peu essayé de refaire des secteurs/ où je vous ai dit qu'il n'y avait qu'un poste à mi-temps/ supplémentaire/ qui a été accordé/ j'ai donc euh: il y a eu donc une collègue qui est arrivée à plein temps/ et une autre à mi-temps/ avec des tas de problèmes de rivalités euh souterraines entre elles/ des choses plus ou moins exprimées/ parce que celle qui a été à plein temps aurait préféré être à mi-temps/ bon et manque de chance c'est pas elle qui a eu le mi-temps mais elle a eu le plein temps pa- et à l'époque elle avait des enfants en bas âge etc. depuis elle a eu un troisième bébé/ donc elle a demandé vraiment un mi-temps/ qu'on lui a accordé.

EF -mm

(117)FA2 -mais/ en disant <madame/ vous ne ferez que les tâches prioritaires> etc./ et/ il y a eu la création d'un autre poste/ à temps plein/ mais qui couvre donc son "demi-secteur qu'elle a laissé/ plus des communes: extérieures/ et: ensuite y a eu encore des recoupements/ on a repris deux communes du canton.

EF -mm

(118)FA2 -si vous voulez/ "donc nous sommes toutes/ à part ce (?) la personne qui est: à votre place/ mais qui est absente/actuellement/ euh: à temps partiel/ l'institution nous le rejette régulièrement/ quand nous disons que nous ne voulons "pas faire des remplacements sur des secteurs/ encore/ autres/ on nous dit

EF -mm

(119)FA2 -<si vous étiez à plein temps

EF -ah oui

(120)FA2 -euh vous êtes toutes à mi-temps et on en reparlera plus tard> si on dit <madame/ on aimerait bien faire du travail social collectif/ mais on n'a pas le temps "mais si vous étiez à plein temps/

EF -oui

(121)FA2 -les choses s'arrangeraient>

EF -mm

(122)FA2 -bon donc/ y a ce: problème de mi-temps/ et en ce moment ça tourne pas par hasard/ parce que notre collègue-là/ euh qui avait donc euh la moitié de l'Arbresles/ plus les deux communes du canton euh nouvellement euh: (clic) euh: aggloméré ici/ donc de Martin et la Tour de Salfani (O?)/ ces deux communes qui/ je vous dis/ sont plus (p=pluss) sur Lyon/

EF -oui

(123)FA2 -euh est partie/elle est partie en région parisienne/ elle est partie le au premier septembre/ et euh :elle ne sera pas remplacée avant le quinze novembre/ donc nous assumons/ à nous trois/ qui sommes à temps partiel/ les urgences sur le plan d'un secteur de temps plein/ de notre: collègue/

EF -mm

(124)FA2 -nous avons une la collègue de St-Laurent-de-Chamousset/ pour qui nous avons fait un remplacement de/ au moins six semaines en mars/ qui est à nouveau malade depuis une semaine/ donc lorsque nous avons vu notre assistante de circonscription récemment/

EF -mm

(125)FA2 -nous lui avons dit <nous ne ferons pas/ le deuxième/ remplacement> euh puisque nous sommes: plusieurs euh assistantes sur la circonscription de service social/voilà le découpage hein/ c'est le département/ la circonscription de service social/ donc/ puisque nous sommes/plusieurs assistantes sur le: la circonscription/ que aucun poste en plus n'est fixe si vous voulez/ on est attaché à une circonscription mais pas à un secteur/ ce n'est pas le problème des assistantes de l'Arbresles/ de faire le remplacement/ de St-Laurent-de-Chamousset/ nous assumons déjà celui de notre collègue/ sur l'"Arbresles/ et c'est c'est en permanence si vous voulez que l'institution nous demande cela/ parce que en mars/ quand notre collègue de St-Laurent-de-Chamousset/ s'est arrêtée pour euh six semaines/ c'est que on nous nous connaissons le diagnostic/ c'est quand même une personne qui risque de s'arrêter à nouveau/ qui a plus de soixante ans/

EF -mm

(126)FA2 -euh: bon ben y a "pas d'argent pour payer des remplaçantes/ les remplaçantes/ le "corps des remplaçantes qui existe dans le Rhône/ qui est de "sept personnes pour un effectif de trois cent cinquante assistantes/ se déploie comme il peut/

EF -mm

(127)FA2 -mais il ne peut pas/ tout faire/ il ne peut pas venir non plus à Saint-Laurent-de-Chamousset/ et en plus l'image de marque si vous voulez/ par rapport à: à notre institution/ et à l'assistante: conseillère technique donc/ qui est quand même la responsable hiérarchique/ c'est de dire <la quatorzième circonscription/ c'est la campagne/ vous n'avez pas les problèmes des ZUP>

EF -ah oui

(128)FA2 -donc on on équipera beaucoup moins volontiers/ alors tout tout ça c'est pour ça que c'est bouillant/ si vous voulez/ vous arrivez à un moment où euh "personnellement moi j'ai un ras-le-bol hein/ parce que des remplacements/ j'en ai fait des tas/ j'ai j- on a remplacé donc cette collègue qui était à plein temps quand elle a eu son bébé/ un mois ou deux avant que la remplaçante arrive/ madame N... là/ je peux citer un nom parce que: vous vous l'effacerez hein!

EF -oh oui oui oui bien sûr!

(129)FA2 -elle était elle à mi-temps/elle a eu son troisième bébé/ bon ben un mi-temps/on ne remplace pas/ donc c'était sa troisième maternité elle s'est arrêtée six mois/ plus son mois de congé ça a fait sept mois/ bon ben les urgences/ c'est nous qui les avons faites/ et moi effectivement je suis à temps partiel/ ce qu'on me reproche/ mais on est bien content de me trouver/ vous voyez?

EF -mais comment faites-vous pour euh vous ne travaillez plus à temps partiel? si quand même/ vous y arrivez?

(130)FA2 -ah si xx temps partiel/ on fait les urgences/ disons que/ au départ/ si vous voulez/ moi j'avais des communes: donc euh rurales/ où les gens ne s'expriment pas/ ne se bougent pas/

EF -oui

(131)FA2 -puis c'est c'est la cam- c'était x la campagne/ donc euh dans ces communes vous avez: deux trois familles: cas social etc.

EF -m

(132)FA2 -or ces dernières années/ qu'est-ce qui se passe?/vous avez l'afflux des gens de la ville/ qui ne paient pas leur loyer/ bon qui viennent/ qui viennent déjà avec des dettes/ "im"menses/ euh la voiture/ les loyers impayés/ les impôts/ enfin qui arrivent ici/ la plupart moi je les passe à des services spécialisés de gestion budgétaire/ parce que quand les gens ont déjà/ en (?) à partir de "deux millions de "dettes/ si les gens ont des salaires/ des petits salaires/ c'est très dur/ de: rattraper des situations/ donc je les passe à des services spécialisés/

EF -mm

(133)FA2 -vous avez maintenant le chômage/ avec/ quand même/ tout ce que ça implique/ troisième chose/ on a ici sur le secteur des artisans/ qui sont en difficulté/

EF -oui

(134)FA2 -et justement/ à la faveur du cas là dont je vous ai parlé tout à l'heure/ ce monsieur qui fait une grève de la faim/ bon y a eu des rapports euh qui ont été faits euh le service m'a demandé moi un rapport/ et ça n'est pas mon secteur hein c'est le secteur de là/ c'est/ donc je l'ai fait parce qu'il y avait une urgence hein/

EF -oui

(135)FA2 -eh bien: on en a parlé avec la conseillère technique/ pour faire un peu remonter au niveau secrétariat du conseil général/ et même ailleurs/ ce qui ne va pas pour les artisans/ les administrations qui sont lentes/ qui n'écoutent pas/ qui toujours appliquent des textes/ qui ne sont pas souples etc... bon ben c'est c'est très bien ça/ moi je trouve que ça fait partie de notre travail/ aussi de faire remonter l'information à des niveaux euh différents.

EF -oui

(136)FA2 -bon alors là/ nous avons ici des artisans/ en difficulté/ j'ai dénombré euh soit sur mon secteur/ soit sur le secteur des collègues quand je fais des remplacements/ euh: en trois ans/ au moins dix à douze artisans en difficulté/ pour qui nous avons aidé au titre des allocations d'aide à l'enfance/

EF -oui

(137)FA2 -et ici euh/ bon tout n'est pas que négatif/ vous avez un département/ euh qui sur le plan de l'aide à l'enfance/ fait de très bonnes choses hein/

EF -mm

(138)FA2 -euh c'est facile dans quand y a des gens en difficulté/ d'obtenir euh pour un enfant/ deux mille deux cents francs pour un mois.

EF -m

(139)FA2 -bon/ c'est quand même une bonne somme hein!

EF -oui oui

(140)FA2 -et là le service est vraiment "généreux.

EF -oui

(141)FA2 -mais enfin voyez/ dix artisans en trois ans/ bon ben la situation des artisans/ moi elle me préoccupe/ bon les situations budgétaires aussi alors m- j'envisage plus tard de faire un un travail alors/ à type collectif/ pour dire <bon ben les problèmes budgétaires/ qu'est-ce que ça recoupe pour nous?> quoi.

EF -mm

(142)FA2 -il y a des mauvaises éducations ménagères/ des gens/ budgétaires/ ils ont des problèmes sociaux et c'est pas par hasard que tout se transcrive au niveau de l'argent/ moi j'aimerais bien faire un travail en ce sens/

EF -mm

(143)FA2 -alors je crois que ça se décide/ je le je le prendrai comme thème pour l'année prochaine/ pour un ou deux ans.

EF -voilà à part x ces deux thèmes là vous en aviez écrit d'autres?

(144)FA2 -alors la scolarité/ là.

EF -oui/ la scolarité/

(145)FA2 -le nouvel établissement?

EF -oui

(146)FA2 -le: la création d'un nouvel établissement?

EF -ah oui.

(147)FA2 -mais enfin/écoutez/ que vous dire de plus/ je vous en ai un petit peu parlé tout à l'heure/ de ce CES hein?

EF -oui c'est ça oui oui/ oui/ non non xxx

(148)FA2 -donc euh on aimerait/ parce que ça va/ si vous voulez/ dans le cadre de l'expansion.

EF -oui

(149)FA2 -ce canton/

EF -c'est un peu:

(150)FA2 -tout est lié

EF -oui xxx

(151)FA2 -tout est lié et les constats qu'on fait/ bon ben c'est les constats de: les insuffisances budgétaires/ euh: euh: sachant bien que aussi il y a des tas de choses qui ne se font pas parce qu'il y a le contexte socio-culturel du: sociologique même du:

EF -m

(152)FA2 -du canton/

EF -peut-être y a une chose: que vous avez un petit peu abordée/ là justement votre déplacement de la région parisienne à ici euh là peut-être ça fait (???) c'est une chose qui nous intéresse

(153)FA2 -oui/ça nous intéresse?

EF -oui oui/ vous/ vous-même/ si ça vous intéresse d'en parler/ non

(154)FA2 -ff moi c'est disons que pour nous euh ça a été une façon de: si nous sommes venus ici/ c'est parce que "d'une part les conditions de la région parisienne ne nous plaisaient pas très/ beaucoup hein/ quand on a fait euh les uns et les autres: pendant euh des années euh trois heures de voyage par jour/ euh moi ça m'a pris très jeune (rire) j'ai pensé que je voulais pas passer ma vie à faire trois heures dans les transports donc j'ai été bien contente aussi de trouver un lieu euh pour euh m'y installer

EF -oui

(155)FA2 -mon mari aussi/

EF -mm

(156)FA2 -et: bon mais on est peut-être avec des mentalités effectivement différentes/

EF -ah oui

(157)FA2 -quand même!

EF -mm mm

(158)FA2 -bon sur le plan professionnel/ je pense que: y avait pas trop de décalage/

EF -oui

(159)FA2 -parce que je pense que/ sur le plan national/

EF -oui

(160)FA2 -hein les:

EF -oui

(161)FA2 -les choses se tiennent hein/ disons qu'on a bénéficié de conditions de vie euh: agréables/ parce que justement/ c'étaient des petites villes/ par contre/ il faut voir euh effectivement l'avantage/ c'est plus à l'échelle humaine/ dans les villages/ les gens se retrouvent mieux/

EF -mm

(162)FA2 -même s'il y a si vous voulez/ ce phénomène un peu de non-acceptation du milieu ambiant/

EF -mm

(163)FA2 -aux étrangers/

EF -oui

(164)FA2 -mais ça c'est partout pareil hein/ je vous dis/ j'ai vécu à Creil c'était pareil/ y avait/ bon euh Creil/ je sais pas si vous voyez ce que c'est/

EF -oui

(165)FA2 -hein c'est c'est très: c'est très ouvrier/ c'est prolétaire/ moi je n'ai "jamais vu des gens aussi "pauvres que là/

Aufgaben

1. Recherchieren Sie, was man in der Sprachwissenschaft unter dem *Beobachterparadoxon* versteht und diskutieren Sie, welche Bedeutung dieses für die linguistische Feldforschung bzw. die Korpuslinguistik hat.
2. Informieren Sie sich über die in der Korpuslinguistik unterschiedenen Notationstypen und das Verfahren der Annotation.
3. Verschaffen Sie sich anhand von Koch/Oesterreicher (2011), Campione et al. (2005) und Kabatek/Pusch (2009) einen Überblick über die verschiedenen Probleme, die sich der Korpuslinguistik stellen.
4. Welche Bedeutung hat die *diastratische* Variation innerhalb einer Sprachgemeinschaft im Hinblick auf die Konstituenz des Korpus (Korpusdesign)? Spielt bezüglich der Informanten auch das Geschlecht eine Rolle?
5. Was versteht man in der Korpuslinguistik unter *offenen* und *geschlossenen* Korpora?
6. Diskutieren Sie die Frage der Repräsentativität und Authentizität von Korpora im Allgemeinen und phonisch-nähesprachlicher Korpora im Besonderen.

9.   Literatur

9.1   Primärquellen

a)   orale Korpora

Beeching, Kate (o.J.): Un corpus d'entretiens spontanés. Bristol, University of the West of England [http://www.uwe.ac.uk/hlss/llas/iclru/corpus.pdf; Zugriff vom 19.07.2011].
Martins-Baltar, Michel et al. (1989, ed.): Entretiens. Transcription d'un corpus oral. Saint Cloud/Paris, E.N.S. de Fontenay-Saint Cloud – Centre de Recherche et d'Étude pour la Diffusion du Français (CREDIF)/Didier.
Waugh, Linda R./Lawson, Aaron (o.J.): French corpus. Ithaca, Cornell University.

b)   Belletristik

Gavalda, Anna (2003): Je voudrais que quelqu'un m'attende quelque part. Stuttgart, Reclam.
Houellebecq, Michel (2002): Extension du domaine de la lutte. Stuttgart, Reclam.

9.2   Sekundärliteratur

Antoine, Fabrice (1998): "Des mots et des oms: verlan, troncation et recyclage formel dans l'argot contemporain", in: Cahiers de lexicologie 72, 41–70.
Armstrong, Nigel/Smith, Alan (2002): "The influence of linguistic and social factors on the recent decline of French *ne*", in: Journal of French Language Studies 12, 23–41.
Arnavielle, Teddy (2003): "Le participe, les formes en -ant: positions et propositions", in: Langages 149, 37–53.
Ashby, William (2001): "Un nouveau regard sur la chute du *ne* en français parlé tourangeau: s'agit-il d'un changement en cours?", in: Journal of French Language Studies 11, 1–22.
Auer, Peter (2000): "On line-Syntax. Oder: Was es bedeuten könnte, die Zeitlichkeit der mündlichen Sprache ernst zu nehmen", in: Sprache und Literatur 85, 43–56.
Bally, Charles (^{4}1965): Linguistique générale et linguistique française. Bern, Francke.
Barme, Stefan (2001): Der Subjektausdruck beim Verb in phonisch-nähesprachlichen Varietäten des europäischen Portugiesisch und Brasilianischen. Frankfurt/M. et al., Lang.
Barme, Stefan (2005): "A negação no brasileiro falado informal", in: Zeitschrift für romanische Philologie 121, 405–425.
Barme, Stefan (2011): "*Petit déj sympa à huit heures du mat*: zur Wortkürzung im Französischen und Deutschen", in: Romanistik in Geschichte und Gegenwart 17,1, 35–55.
Barme, Stefan (in Vorbereitung): "*Quoi de neuf?* Zu einigen vermeintlichen Innovationen des Gegenwartsfranzösischen".
Berschin, Helmut (2003): "Synchronie und Diachronie in der romanistischen Sprachgeschichtsforschung", in: Ernst et al. 2003, 32–38.
Blanche-Benveniste, Claire (1997): Approches de la langue parlée en français. Paris, Ophrys.
Blanche-Benveniste, Claire (2003): "La langue parlée", in: Yaguello 2003, 317–344.
Blanche-Benveniste, Claire et al. (2005): Le français parlé: études grammaticales. Paris, CNRS.
Blumenthal, Peter (2003): "Der Begriff der externen und internen Sprachgeschichte in der Romanistik", in: Ernst et al. 2003, 38–45.
Bollée, Annegret (2000): Französische Syntax [Skript zur Vorlesung vom Sommersemester 2000; Otto-Friedrich-Universität Bamberg].

Bollée, Annegret (2000/01): Französische Phonologie und Orthographie [Skript zur Vorlesung vom Wintersemester 2000/01; Otto-Friedrich-Universität Bamberg].

Bollée, Annegret (2001/02): Das moderne Französisch: Charakteristik, Varietäten, Tendenzen [Skript zur Vorlesung vom Wintersemester 2001/02; Otto-Friedrich-Universität Bamberg].

Bork, Hans Dieter (1975): *"Néo-français = Français avancé?* Zur Sprache Raymond Queneaus", in: Romanische Forschungen 87, 1–40.

Bossong, Georg (2008): Die romanischen Sprachen. Eine vergleichende Einführung. Hamburg, Buske.

Boyer, Henri (1997): "Le statut de la suffixation en *-os*", in: Langue française 114, 35–40.

Buridant, Claude (2000): Grammaire nouvelle de l'ancien français. Paris, SEDES.

Bußmann, Hadumod (²1990): Lexikon der Sprachwissenschaft. Stuttgart, Kröner.

Calvet, Louis-Jean (³2007): L'argot. Paris, PUF.

Campione, Estelle/Véronis, Jean/Deulofeu, José (2005): "The French corpus", in: Emanuela Cresti/Massimo Moneglia (ed.): C-ORAL-ROM: integrated reference corpora for spoken Romance languages. Amsterdam/Philadelphia, Benjamins, 111–133.

Chaurand, Jacques (¹¹2008): Histoire de la langue française. Paris, PUF.

Colin, Jean-Paul (2000): "Nouvelles pratiques langagières. Les argots", in: Gérald Antoine/Bernard Cerquiglini (ed.): Histoire de la langue française 1945–2000. Paris, C.N.R.S., 151–172.

Colin, Jean-Paul (2003): "Le lexique", in: Yaguello 2003, 391–456.

Coseriu, Eugenio (1988): "Der romanische Sprachtypus. Versuch einer neuen Typologisierung der romanischen Sprachen", in: Jörn Albrecht (ed.): Energeia und Ergon. Sprachliche Variation, Sprachgeschichte, Sprachtypologie. Studia in honorem Eugenio Coseriu. I. Schriften von Eugenio Coseriu (1965–1987). Tübingen, Narr, 207–224.

Coveney, Aidan (2002): Variability in spoken French: a sociolinguistic study of interrogation and negation. Bristol/Portland, Elm Bank.

Crystal, David (1995): Die Cambridge Enzyklopädie der Sprache. Frankfurt/M., Campus Verlag.

Dahmen, Wolfgang (1995): *"français parlé québécois – français parlé de France*: Konvergenz und Divergenz", in: Wolfgang Dahmen et al. (ed.): Konvergenz und Divergenz in den romanischen Sprachen (Romanistisches Kolloquium VIII). Tübingen, Narr, 223–237.

Deppermann, Arnulf (2006): *"Construction Grammar* – Eine Grammatik für die Interaktion?", in: Deppermann et al. 2006a, 43–65.

Deppermann, Arnulf/Fiehler, Reinhard/Spranz-Fogasy, Thomas (2006, ed.): Grammatik und Interaktion. Untersuchungen zum Zusammenhang von grammatischen Strukturen und Gesprächsprozessen. Radolfzell, Verlag für Gesprächsforschung [= Deppermann et al. 2006a].

Deppermann, Arnulf/Fiehler, Reinhard/Spranz-Fogasy, Thomas (2006): "Zur Einführung: Grammatik und Interaktion", in: Deppermann et al. 2006a, 5–9 [= Deppermann et al. 2006b].

Detey, Sylvain/Durand, Jacques/Laks, Bernard/Lyche, Chantal (2010, ed.): Les variétés du français parlé dans l'espace francophone. Ressources pour l'enseignement. Paris, Ophrys.

Detges, Ulrich (1998): "Echt die Wahrheit sagen. Überlegungen zur Grammatikalisierung von Adverbmarkern", in: *Philologie im Netz* 4, 1–29.

Dürscheid, Christa (2003): "Medienkommunikation im Kontinuum von Mündlichkeit und Schriftlichkeit. Theoretische und empirische Probleme", in: Zeitschrift für Angewandte Linguistik 38, 37–56.

Eckert, Gabriele (1986): Sprachtypus und Geschichte: Untersuchungen zum typologischen Wandel des Französischen. Tübingen, Narr.

Ernst, Gerhard et al. (2003, 2006, 2008, ed.): Romanische Sprachgeschichte. Ein internationales Handbuch zur Geschichte der romanischen Sprachen (HSK, 23,1). 3 vol. Berlin – New York, de Gruyter.

Fiehler, Reinhard (2006): "Was gehört in eine Grammatik gesprochener Sprache? Erfahrungen beim Schreiben eines Kapitels der neuen Duden-Grammatik", in: Deppermann et al. 2006a, 21–41.

Fischer, Kerstin/Stefanowitsch, Anatol (2008): "Konstruktionsgrammatik: Ein Überblick", in: Kerstin Fischer/Anatol Stefanowitsch (ed.): Konstruktionsgrammatik I: Von der Anwendung zur Theorie. Tübingen, Stauffenburg, 3–17.

Fuhrmann, Manfred (1996): Rom in der Spätantike: Porträt einer Epoche. Reinbek bei Hamburg, Rowohlt.

Gabriel, Christoph/Meisenburg, Trudel (2007): Romanische Sprachwissenschaft. Paderborn, Fink.

Gabriel, Christoph/Müller, Natascha (2008): Grundlagen der generativen Syntax: Französisch, Italienisch, Spanisch. Tübingen, Niemeyer.

Gadet, Françoise (2003): "La variation: le français dans l'espace social, régional et international", in: Yaguello 2003, 91–152.

Geckeler, Horst (1989): "*Alter Wein in neue Schläuche.* Überlegungen zur Nützlichkeit verworfener traditioneller Kategorien für die typologische Beschreibung romanischer Sprachen", in: Wolfgang Raible (ed.): Romanistik, Sprachtypologie und Universalienforschung (Beiträge zum Freiburger Romanistentag 1987). Tübingen, Narr, 163–190.

Geckeler, Horst/Dietrich, Wolf ([3]2003): Einführung in die französische Sprachwissenschaft. Ein Lehr- und Arbeitsbuch. Berlin, Schmidt.

Goldberg, Adele E. (2003): "Constructions: a new theoretical approach to language", in: Trends in cognitive sciences 7 (5), 219–224.

Groud, Claudette/Serna, Nicole (1996): De abdom à zoo: regards sur la troncation en français contemporain. Paris, Didier Érudition.

Gsell, Otto/Wandruszka, Ulrich (1986): Der romanische Konjunktiv. Tübingen, Niemeyer.

Guilbaud, Daniel (1996): "L'accueil et le statut lexicographique des troncations: étude d'une évolution dans le Petit Robert", in: Claudette Groud/Nicole Serna: De abdom à zoo: regards sur la troncation en français contemporain. Paris, Didier Érudition, XIX–XXVI.

Gülich, Elisabeth/Mondada, Lorenza (2008): Konversationsanalyse. Eine Einführung am Beispiel des Französischen. Tübingen, Niemeyer.

Günthner, Susanne (2007): "Brauchen wir eine Theorie der gesprochenen Sprache? Und: wie kann sie aussehen? Ein Plädoyer für eine praxisorientierte Grammatiktheorie", in: Gidi Arbeitspapiere 6, 1–22 [http://noam.uni-muenster.de/gidi/arbeitspapiere/arbeitspapier06.pdf; Zugriff v. 03.01.11].

Haarmann, Harald (2006): Weltgeschichte der Sprachen. Von der Frühzeit des Menschen bis zur Gegenwart. München, Beck.

Hansen, Anita B./Malderez, Isabelle (2004): "Le *ne* de négation en région parisienne: une étude en temps réel", in: Langage et Société 107, 5–30.

Haspelmath, Martin (2002): "Grammatikalisierung: von der Performanz zur Kompetenz ohne angeborene Grammatik", in: Sybille Krämer/Ekkehard König (ed.): Gibt es eine Sprache hinter dem Sprechen?. Frankfurt/M., Suhrkamp, 262–286.

Hennig, Mathilde (2006): Grammatik der gesprochenen Sprache in Theorie und Praxis. Kassel, Kassel University Press.

Hinzelin, Marc-Olivier/Kaiser, Georg A. (2007): "El pronombre *ello* en el léxico del español dominicano", in: Wiltrud Mihatsch/Monika Sokol (ed.): Language contact and language change in the Caribbean and beyond/Lenguas en contacto y cambio lingüístico en el Caribe y más allá. Frankfurt/M. et al., Lang, 171–188.

Hofmann, Johann Baptist/Szantyr, Anton ([2]1972): Lateinische Syntax und Stilistik. München, Beck.

Holtus, Günter/Schweickard, Wolfgang (1991): "Zum Stand der Erforschung der historischen Dimension gesprochener Sprache in der Romania", in: Zeitschrift für romanische Philologie 107, 547–574.

Hopper, Paul J. (1998): "Emergent Grammar", in: Michael Tomasello (ed.): The new psychology of language. Mahwah (New York), Lawrence Erlbaum Associates, 155–175.

Huchon, Mireille ([4]2007): Histoire de la langue française. Paris, Librairie Générale Française.

Humbley, John (2000): "Évolution du lexique", in: Gérald Antoine/Bernard Cerquiglini (ed.): Histoire de la langue française 1945–2000. Paris, C.N.R.S., 71–106.

Humboldt, Wilhelm von (1827–29): "Über die Verschiedenheit des menschlichen Sprachbaues und ihren Einfluß auf die geistige Entwicklung des Menschengeschlechts", in: Michael Böhler (ed.): Wilhelm von Humboldt: Schriften zur Sprache. Stuttgart, Reclam, 1995, 30–207.

Hunnius, Klaus (1988): "Français parlé – ein problematisches Konzept", in: Zeitschrift für romanische Philologie 104, 336–346.

Hunnius, Klaus (2003): "Vulgärlatein und gesprochenes Französisch. Zur Entstehung des Konzepts des *français avancé*", in: Zeitschrift für romanische Philologie 119, 510–519.

Hunnius, Klaus (2008): "Geschichte der gesprochenen Sprache in der Romania: Französisch", in: Ernst et al. 2008, 2424–2433.

Hunnius, Klaus (2009): "Der französische Konjunktiv aus der Sicht der (historischen) Soziolinguistik", in: Zeitschrift für romanische Philologie 125, 127–137.

Imo, Wolfgang (2007): "Der Zwang zur Kategorienbildung: Probleme der Anwendung der *Construction Grammar* bei der Analyse gesprochener Sprache", in: Gesprächsforschung – Online-Zeitschrift zur verbalen Interaktion 8, 22–45 [www.gespraechsforschung-ozs.de].

Ineichen, Gustav (1999): Typologie und Sprachvergleich im Romanischen: Aufsätze 1973–1998, hg. von Volker Noll. Heidelberg, Winter.

Kabatek, Johannes/Pusch, Claus D. (2009): Spanische Sprachwissenschaft. Tübingen, Narr.

Kailuweit, Rolf (2009): "Konzeptionelle Mündlichkeit!? Überlegungen zur Chat-Kommunikation anhand französischer, italienischer und spanischer Materialien", in: Philologie im Netz 48, 1–19.

Kielhöfer, Bernd (2008): "Kontrastivierung ausgewählter Strukturen des Französischen und des Deutschen", in: Kolboom et al. 2008, 285–293.

Kiesler, Reinhard (1995): "Français parlé = französische Umgangssprache?", in: Zeitschrift für romanische Philologie 111, 375–406.

Kindt, Walther (2002): "Pragmatik: Die handlungstheoretische Begründung der Linguistik", in: Horst M. Müller (ed.): Arbeitsbuch Linguistik. Paderborn et al., Schöningh, 289–305.

Klein, Hans-Wilhelm/Kleineidam, Hartmut (²1994): Grammatik des heutigen Französisch. Stuttgart, Klett.

Koch, Peter (2003): "Romanische Sprachgeschichte und Varietätenlinguistik", in: Ernst et al. 2003, 102–124.

Koch, Peter (2004): "Sprachwandel, Mündlichkeit und Schriftlichkeit", in: Zeitschrift für romanische Philologie 120, 605–630.

Koch, Peter/Oesterreicher, Wulf (1985): "Sprache der Nähe – Sprache der Distanz. Mündlichkeit und Schriftlichkeit im Spannungsfeld von Sprachtheorie und Sprachgeschichte", in: Romanistisches Jahrbuch 36, 15–43.

Koch, Peter/Oesterreicher, Wulf (1990; ²2011): Gesprochene Sprache in der Romania: Französisch, Italienisch, Spanisch. Tübingen, Niemeyer/de Gruyter.

Koch, Peter/Oesterreicher, Wulf (2001): "Gesprochene Sprache und geschriebene Sprache", in: LRL I,2, 584–627.

Kolboom, Ingo/Kotschi, Thomas/Reichel, Edward (²2008, ed.): Handbuch Französisch: Sprache, Literatur, Kultur, Gesellschaft. Berlin, Schmidt.

Kramer, Johannes (1999): "Sind die romanischen Sprachen kreolisiertes Latein?", in: Zeitschrift für romanische Philologie 115, 1–19.

Kramer, Johannes (2004): "Das Griechische und das Lateinisch-Romanische auf dem Wege vom synthetischen zum analytischen Sprachtyp?", in: Uwe Hinrichs (ed.): Die europäischen Sprachen auf dem Wege zum analytischen Sprachtypus. Wiesbaden, Harrassowitz, 127–146.

Kramer, Johannes (2010): "Gibt es leichte und schwere Schulsprachen? Überlegungen zum Englischen, Spanischen, Italienischen und Französischen", in: Zeitschrift für Romanische Sprachen und ihre Didaktik 4,1, 105–119.

Krassin, Gudrun (1994): Neuere Entwicklungen in der französischen Grammatik und Grammatikfor-schung. Tübingen, Niemeyer.

Lipka, Leonhard (1982): "*Mise en relief* und *cleft sentence*: zwei Verfahren der Thema/Rhema-Gliederung", in: Sieglinde Heinz/Ulrich Wandruszka (ed.): Fakten und Theorien. Beiträge zur romanischen und allgemeinen Sprachwissenschaft (Festschrift für Helmut Stimm zum 65. Geburtstag). Tübingen, Narr, 163–172.

Lodge, R. Anthony (1998): "Vers une histoire du dialecte urbain de Paris", in: Revue de Linguistique Romane 62, 95–128.

Lodge, R. Anthony (2004): A sociolinguistic history of Parisian French. Cambridge, Cambridge University Press.

LRL I,2 (2001): Günter Holtus/Michael Metzeltin/Christian Schmitt (ed.): Lexikon der Romanistischen Linguistik (LRL). I,2. Methodologie (Sprache in der Gesellschaft/Sprache und Klassifikation/Datensammlung und -verarbeitung). Tübingen, Niemeyer.

LRL V (1990): Günter Holtus/Michael Metzeltin/Christian Schmitt (ed.): Lexikon der Romanistischen Linguistik (LRL). V. Französisch, Okzitanisch, Katalanisch. Tübingen, Niemeyer.

LRL VII (1998): Günter Holtus/Michael Metzeltin/Christian Schmitt (ed.): Lexikon der Romanistischen Linguistik (LRL). VII. Kontakt, Migration und Kunstsprachen. Kontrastivität, Klassifikation und Typologie. Tübingen, Niemeyer.

Marandin, Jean-Marie (2006): "Contours as constructions", in: Doris Schönefeld (ed.): Constructions all over: case studies and theoretical implications (*Constructions* special volume 1, 1–28 [http://www.constructions-online.de/articles/specvol1; Zugriff vom 06.01.2011].

Marchello-Nizia, Christiane (2003): "Le français dans l'histoire", in: Yaguello 2003, 11–90.

Meibauer, Jörg (²2008): Pragmatik: eine Einführung. Tübingen, Narr.

Meisenburg, Trudel/Selig, Maria (1998): Phonetik und Phonologie des Französischen. Stuttgart et al., Klett.

Ménard, Philippe (⁴1994): Syntaxe de l'ancien français. Bordeaux, Bière.

Metzeltin, Michael (1998): "Die romanischen Sprachen: eine Gesamtschau", in: LRL VII, 1040–1085.

Metzeltin, Michael/Gritzky, Nina (2003): "Sprachgeschichtsschreibung: Möglichkeiten und Grenzen", in: Ernst et al. 2003, 15–31.

Muller, Claude (1991): La négation en français. Genève, Droz.

Müller, Bodo (1985): Le français d'aujourd'hui. Paris, Klincksieck.

Müller, Bodo (1990): "Französisch: Gesprochene Sprache und geschriebene Sprache", in: LRL V, 195–211.

Paillard, Monique (2005): "Réflexions sur le langage SMS de part et d'autre de la Moselle", in: Beatrice Bagola/Johannes Kramer (ed.): Mosel, Maas, Mississippi. Kontakte zwischen Romania und Germania in Westeuropa und Nordamerika (Akten des Wissenschaftlichen Kolloquiums, Trier, 24.–28. April 2003). Veitshöchheim bei Würzburg, Lehmann, 243–273.

Paprotté, Wolf (2002): "Korpuslinguistik", in: Horst M. Müller (ed.): Arbeitsbuch Linguistik. Paderborn et al., Schöningh, 364–381.

Pöckl, Wolfgang/Rainer, Franz/Pöll, Bernhard (³2003): Einführung in die romanische Sprachwissenschaft. Tübingen, Niemeyer.

Pöll, Bernhard (2008): "Die Verbreitung des Französischen in der Welt", in: Kolboom et al. 2008, 62–71.

PR = Paul Robert (2010): Le Nouveau Petit Robert. Dictionnaire alphabétique et analogique de la langue française (nouvelle édition du *Petit Robert* de Paul Robert; texte remanié et amplifié sous la direction de Josette Rey-Debove et Alain Rey). Paris, Dictionnaires Le Robert.

Pusch, Claus D. (2002): A survey of spoken language corpora in Romance. [http://www.romanistik.uni-freiburg.de/pusch/Download/corpora_survey.pdf; Zugriff vom 23.11.2010].

Radtke, Edgar (1982): "Die Rolle des Argot in der Diastratik des Französischen", in: Romanische Forschungen 94, 151–166.

Radtke, Edgar (2008): "Gesprochenes Französisch", in: Kolboom et al. 2008, 97–103.

Redder, Angelika (2006): "Nicht-sententiale Äußerungsformen zur Realisierung konstellativen Schilderns", in: Deppermann et al. 2006a, 123–146.

Riegel, Martin/Pellat, Jean-Christophe/Rioul, René (⁴2009): Grammaire méthodique du français. Paris, PUF.

Schafroth, Elmar (1993): Zur Entstehung und vergleichenden Typologie der Relativpronomina in den romanischen Sprachen: mit besonderer Berücksichtigung des Substandards. Tübingen, Niemeyer.

Schafroth, Elmar (2005): "Pour une diachronie du français parlé", in: Brigitte Horiot/Elmar Schafroth/Marie-Rose Simoni-Aurembou (ed.): Mélanges offerts au professeur Lothar Wolf. Lyon, Université Lyon III Jean Moulin, Centre d'Études Linguistiques Jacques Goudet, 419–445.

Schafroth, Elmar (2008): "Aufbau und Differenzierung des Wortschatzes im Französischen", in: Kolboom et al. 2008, 185–195.

Schmitt, Christian (1990): "Französisch: Sondersprachen", in: LRL V, 283–307.

Schpak-Dolt, Nikolaus (1999): Einführung in die Morphologie des Spanischen. Tübingen, Niemeyer.

Schpak-Dolt, Nikolaus (³2010): Einführung in die französische Morphologie. Berlin – New York, de Gruyter.

Schreiber, Michael (1999): "Zum Verhältnis der Unterscheidungen *Standard/Nonstandard* und *geschrieben/gesprochen* im Französischen und Spanischen", in: Jenny Brumme/Andreas Wesch (ed.): Normen und Subnormen in Geschichte und Gegenwart: Methoden ihrer Rekonstruktion und Beschreibung. Wien, Praesens, 11–22.

Schrott, Angela (1997): Futurität im Französischen der Gegenwart. Semantik und Pragmatik der Tempora der Zukunft. Tübingen, Narr.

Schrott, Angela (2008): "Einzelaspekt: Tempus und Aspekt", in: Kolboom et al. 2008, 300–304.

Selting, Margret/Couper-Kuhlen, Elizabeth (2000): "Argumente für die Entwicklung einer *interaktionalen Linguistik*", in: Gesprächsforschung – Online-Zeitschrift zur verbalen Interaktion 1, 76–95 [www.gespraechsforschung-ozs.de].

Sokol, Monika (²2007): Französische Sprachwissenschaft: ein Arbeitsbuch mit thematischem Reader. Tübingen, Narr.

Söll, Ludwig (³1985): Gesprochenes und geschriebenes Französisch. bearb. von Franz Josef Hausmann. Berlin, Schmidt.

Stark, Elisabeth (1997): Voranstellungsstrukturen und *topic*-Markierung im Französischen. Mit einem Ausblick auf das Italienische. Tübingen, Narr.

Stark, Elisabeth (1999): "Französische Voranstellungsstrukturen – Grammatikalisierung oder universale Diskursstrategien?", in: Jürgen Lang/Ingrid Neumann-Holzschuh (ed.): Reanalyse und Grammatikalisierung in den romanischen Sprachen. Tübingen, Niemeyer, 129–146.

Stark, Elisabeth (2008): "Einzelaspekt: Wortstellung und Informationsstruktur", in: Kolboom et al. 2008, 311–318.

Stein, Achim (²2005): Einführung in die französische Sprachwissenschaft. Stuttgart – Weimar, Metzler.

Steinmeyer, Georg (1979): Historische Aspekte des *français avancé*. Genève, Droz.

Thiele, Johannes (³1993): Wortbildung der französischen Gegenwartssprache. Leipzig et al., Langenscheidt.

Tranel, Bernard (2003): "Les sons du français", in: Yaguello 2003, 259–315.

Traugott, Elizabeth Closs (2008): "Grammatikalisierung, emergente Konstruktionen und der Begriff der *Neuheit*", in: Anatol Stefanowitsch/Kerstin Fischer (ed.): Konstruktionsgrammatik II: Von der Konstruktion zur Grammatik. Tübingen, Stauffenburg, 5–32.

Van Acker, Marieke (2010): "La transition latin/langues romanes et la notion de *diglossie*", in: Zeitschrift für romanische Philologie 126, 1–38.

van Compernolle, Rémi A. (2009): "Emphatic *ne* in informal spoken French and implications for foreign language pedagogy", in: International Journal of Applied Linguistics 19 (1), 47–65.

Verdelhan-Bourgade, Michèle (1991): "Procédés sémantiques et lexicaux en français branché", in: Langue française 90, 65–79.

Walter, Henriette (1988): Le français dans tous les sens. Paris, Robert Laffont.

Walter, Henriette (1990): "Une voyelle qui ne veut pas mourir", in: John N. Green/Wendy Ayres-Bennett (ed.): Variation and change in French. Essays presented to Rebecca Posner on the occasion of her sixtieth birthday. London, Routledge, 27–36.

Walter, Henriette (⁶2007): L'aventure des langues en Occident. Paris, Robert Laffont.

Waltereit, Richard (2006): Abtönung: Zur Pragmatik und historischen Semantik von Modalpartikeln und ihren funktionalen Äquivalenten in romanischen Sprachen. Tübingen, Niemeyer.

Waugh, Linda R./Fonseca-Greber, Bonnie (2002): "Authentic materials for everyday spoken French: corpus linguistics vs. French textbooks", in: Arizona Working Papers in SLAT 9, 114–127.

Weinrich, Harald (1962): "Ist das Französische eine analytische oder synthetische Sprache?", in: Mitteilungsblatt des Allgemeinen Deutschen Neuphilologenverbandes 15, 177–186.

Weinrich, Harald (²1971): Tempus. Besprochene und erzählte Welt. Stuttgart et al., Kohlhammer.

Yaguello, Marina (2003, ed.): Le grand livre de la langue française. Paris, Éd. du Seuil.

Zimmermann, Klaus (2008): "*Argot*, *Verlan*, Jugendsprache und Verwandtes", in: Kolboom et al. 2008, 204–211.

Zink, Gaston (⁶2007): L'ancien français. Paris, PUF.